昭和天皇物語

1

能條純一
〔原作〕半藤一利
〔腳本〕永福一成
〔監修〕志波秀宇

〔目次〕

※本作是基於史實再加上部分創作所構成的作品。

昭和二十年（一九四五）八月十四日晚間，大日本帝國接受了波茨坦宣言。
昭和天皇的玉音放送一播出，等同日本接受了戰敗的事實，太平洋戰爭也宣告結束了。
第1話◎林中皇子

第1話◎林中皇子

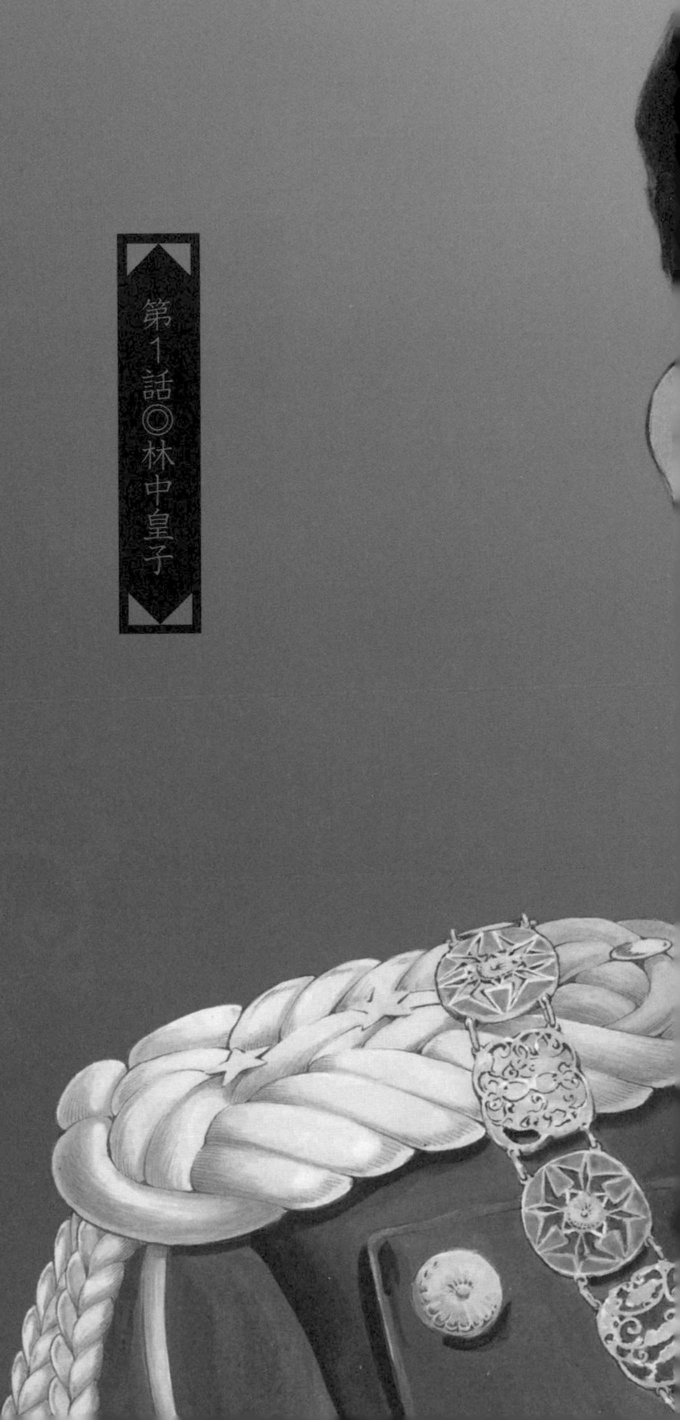

藤田！
在。
到處都是斷垣殘壁，老百姓究竟過著什麼樣的生活……
是啊……

*喀嚓、喀嚓

……
陛下，打個招呼吧……
裕仁先生，很高興見到你。……我呢，
是盟軍總司令道格拉斯・麥克阿瑟。
我是日本的第124代天皇，
裕仁。

裕仁先生，請來這裡一起拍張照吧。
昭和二十年，九月二十七日
裕仁天皇和盟軍總司令道格拉斯・麥克阿瑟第一次會面。這次會面完全照著麥克阿瑟的劇本進行，兩人拍完照以後，留下了翻譯人員「閉門對談」……
那些攝影師也真奇怪，快門按個不停，真正用的照片也才一兩張而已。
元帥長年在熱帶地區的戰場奔波，身子還硬朗嗎？

我在熱帶地區生活
也有十年了吧……
也多虧這番磨練，
我的身子十分硬朗啊。
……聽說，
陛下喜歡抽菸
是吧？
不嫌棄的話，
嘗嘗我國的
香菸如何？
請！

LUCKY STRIKE
CIGARETTES
很不巧，我是菸酒不沾的。今天來拜訪元帥，主要是想告訴元帥……
……日本發動戰爭所造成的一切問題和情事，我會負起全責。
另外，所有軍事指揮官、軍人、政治家，他們以日本為名做出的事情，我也願意直接負起責任。

至於我本人的命運，您要如何裁斷，這對我來說都不是問題。
「我會負起全責。」
道格拉斯．麥克阿瑟後來表示：
那一天，裕仁天皇並不是來向我「求饒」的……

綜觀過去的歷史，有哪一個國王願意用自身的性命，
來拯救自己的人民……!!
我真的很想知道，
裕仁天皇過去——
到底經歷了什麼樣的人生？
我真的……
很想知道。

四十一年前——
明治三十七年（一九〇四）
東京女子高等師範學校
附屬幼稚園
ドコ
隆
*剎
カッ
タ

你是校長吧。……我是東宮侍從長木戶孝正。
原來是木戶侯爵，勞您親自前來，在下不勝惶恐。
菊池先生到了嗎？
是……一個小時前就到了。
……一個小時以前？他還是那麼性急啊……
……那麼，足立孝女士呢？
她還在替孩子上課……我已經吩咐她下課鈴一響要盡快到校長室。

老師！妳在做什麼？
摺紙啊，各位仔細看，待會換你們摺。
來猜猜看會摺出什麼吧。
她就是足立孝。

摺好囉！這是什麼呢？
我知道，是鶴！
沒錯，是鶴。大家也一起摺吧。
好了，小朋友們。
把紙拿在手上吧。

タタッ
*蹕蹕
打擾了！我是足立孝！
コン
叩
請進……!!
カチャ
*喀啦
足立老師，我們恭候多時了！
這位是東宮侍從長木戸侯爵。……接著是前任文部大臣……

妳知道我是誰吧，我是菊池大麓！我的孫子承蒙妳照顧了……是我舉薦妳的！
舉薦？
二位說什麼呢？
菊池先生舉薦妳去教育皇孫。
就是陛下的孫子。如何啊，足立老師？我認為妳蠻適合的……
皇…孫？
……我們想拜託妳教育皇孫。

不行不行，我不行啦!!
怎會找我……
我哪來的資格去照顧皇孫呢，二位就別折殺我了!!
一直以來，我從孫子身上看到了妳的教育成果。
不行不行——
我真的擔當不起——
養成教育皇孫的重責大任，非妳莫屬啊，足立老師!!
足立孝女士，
請妳教教迪宮大人怎麼摺紙鶴吧……!!

明治三十八年
五月
足立女士……如同我一再重申的……
現在這個局勢，教育皇孫是一門重要的課題，尤其事關皇長孫迪宮大人……
我很清楚幼兒教育的重要性！身為皇長孫的迪宮大人，總有一天會立於國家的頂點……

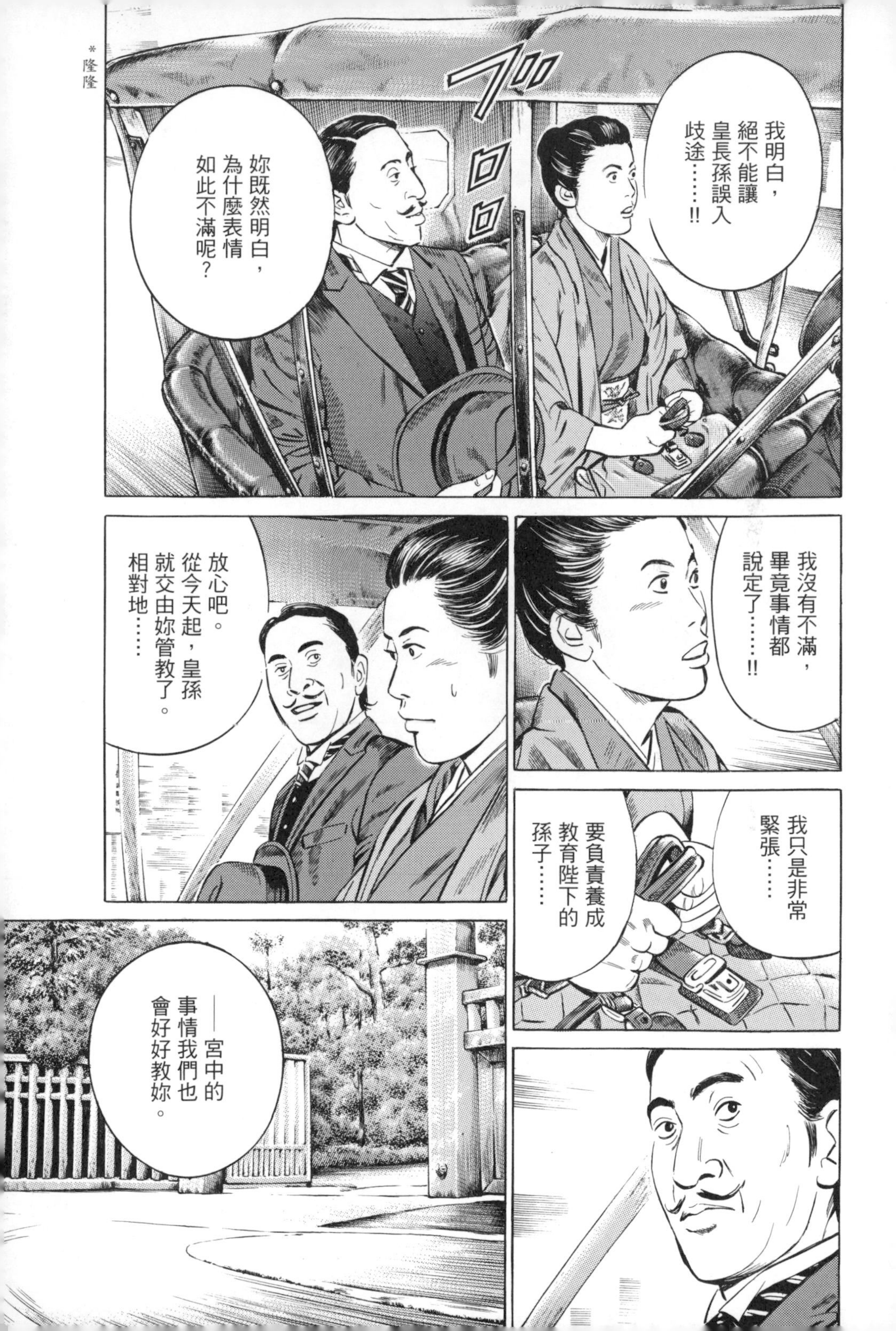

*隆隆
我明白，絕不能讓皇長孫誤入歧途……!!
妳既然明白，為什麼表情如此不滿呢？
我沒有不滿，畢竟事情都說定了……!!
放心吧。從今天起，皇孫就交由妳管教了。相對地……
我只是非常緊張……
要負責養成教育陛下的孫子……
──宮中的事情我們也會好好教妳。

這裡就是御所，
旁邊是皇孫御殿。
キッ
*嘰
我們到了，請下車吧。

歡迎回來。
這位就是從今天開始養成教育皇孫的足立女士…
您好，我叫足立孝！請多多指教。
我是侍女長安住千代……也請多指教。
諸位皇子在哪裡呢……？
淳宮大人還是一樣活潑好動……我派侍女去陪伴了。
迪宮大人呢……？
也是一樣，說是要幫鴿子報仇雪恨……

妳晉見諸位皇子的時間是三小時後。一小時後請到侍女休息室，我們會幫妳打理好服裝儀容。
請問……我該準備些什麼……
妳不必準備什麼，我們會打點好一切。
來，這是妳的房間，稍微歇會吧。
啊，對了。妳知道德國教育學家福祿貝爾嗎……？我把相關著作借給妳吧。
啊，是……
我明白了。…不好意思，麻煩您了。
…好的。
……

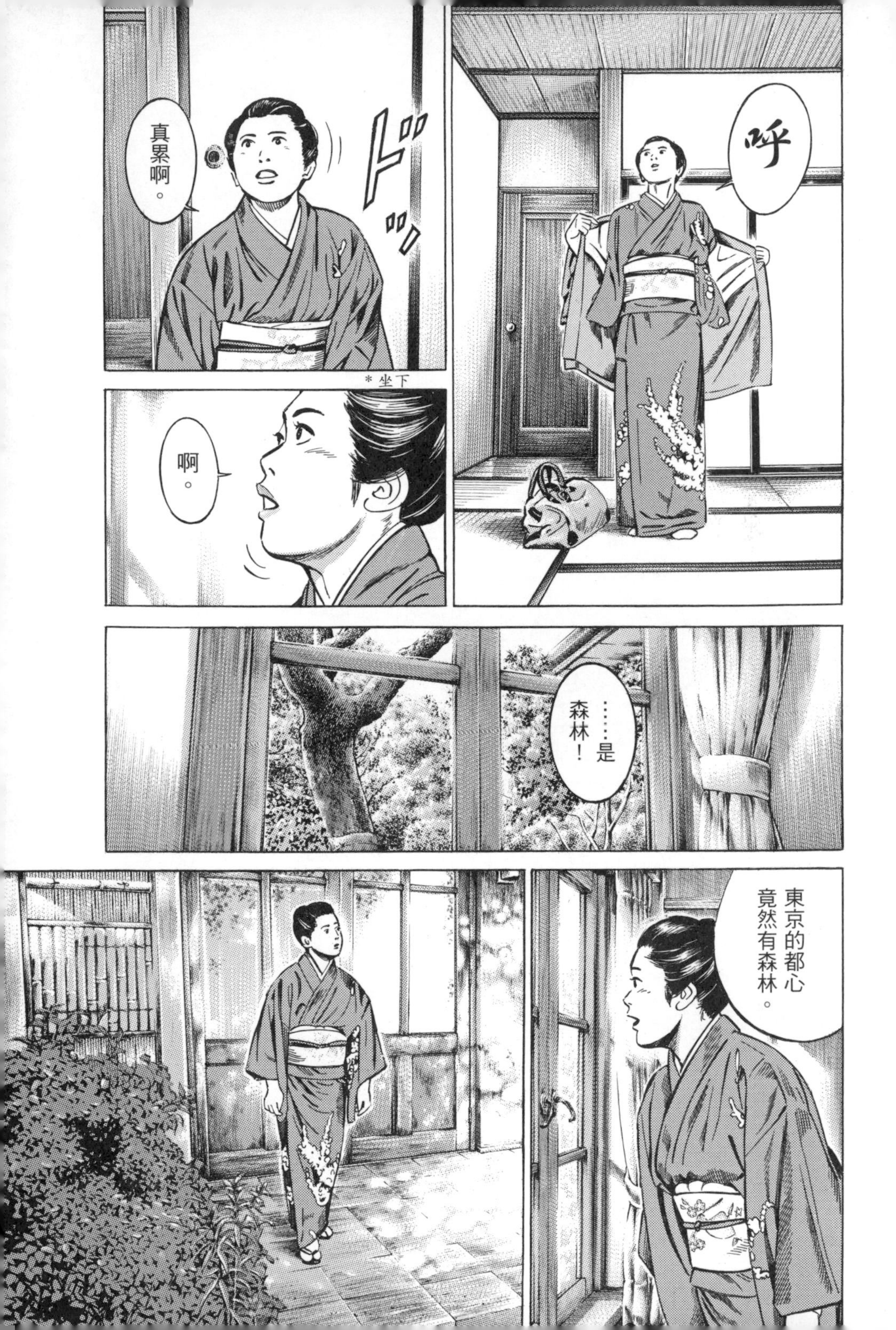
呼
ドッ
真累啊。
＊坐下
啊。
……是森林！
東京的都心竟然有森林。

請問您在
做什麼呢
……？
我在等
貓咪來！
……為什麼
要等貓來呢？
替鴿子
報仇！
那隻貓傷了
迪宮的鴿子！

我要幫鴿子報仇。
!!
不可以報仇喔！
沒聽過妳的聲音……!!妳是誰？
我、我是今後負責教育皇子的人——
我叫做足立孝……!!
自我介紹晚點再說吧，妳先退下！

迪宮大人，淳宮大人。這位女子名叫足立孝，今後由她來照顧二位大人的起居。
！

淳宮大人，別亂動！
妳叫足立孝是嗎？
是，小女子正是足立孝……!!
今後還請二位大人多多指教。
為什麼？
妳說，
為何我不能為鴿子報仇？
!!
不論有什麼樣的理由，
剝奪寶貴的生命都是不被允許的。

貓咪並非出於憎恨而攻擊鴿子，那是自然界的生態……
況且，報仇是以牙還牙和暗殺的思維……!!
ハッ
*驚
可以了，
……阿孝。

當時日本（大日本帝國）和俄羅斯帝國，在滿州一帶展開激烈的戰爭，
史稱日俄戰爭。
去年冬天，大日本帝國打下二〇三高地，準備趁勢拿下對馬海戰。
可是相對地，日本的國力也開始捉襟見肘了。
那一年的宮中——
唉呀——真可愛！
嘉仁皇太子（後來的大正天皇）的第三子，光宮誕生了。

光宮大人……容光煥發，
與他尊貴的名號相符啊。
光宮大人笑了，真可愛！
ドカドカ
號外！
號外！
＊躂躂躂
讓開！
阿孝，快讓開！
淳宮大人，不得在走廊奔跑喔。

放手！快放手！
不行！我不放手。請您答應我，以後不會在走廊奔跑。
迪宮大人。
阿孝，
隨我出來一下。

迪宮大人！小心步伐…
嗯？
沒看過這種草呢……這是什麼草啊？
迪宮大人，這是雜草。
還有這種名字的草啊？
啊，不是的！

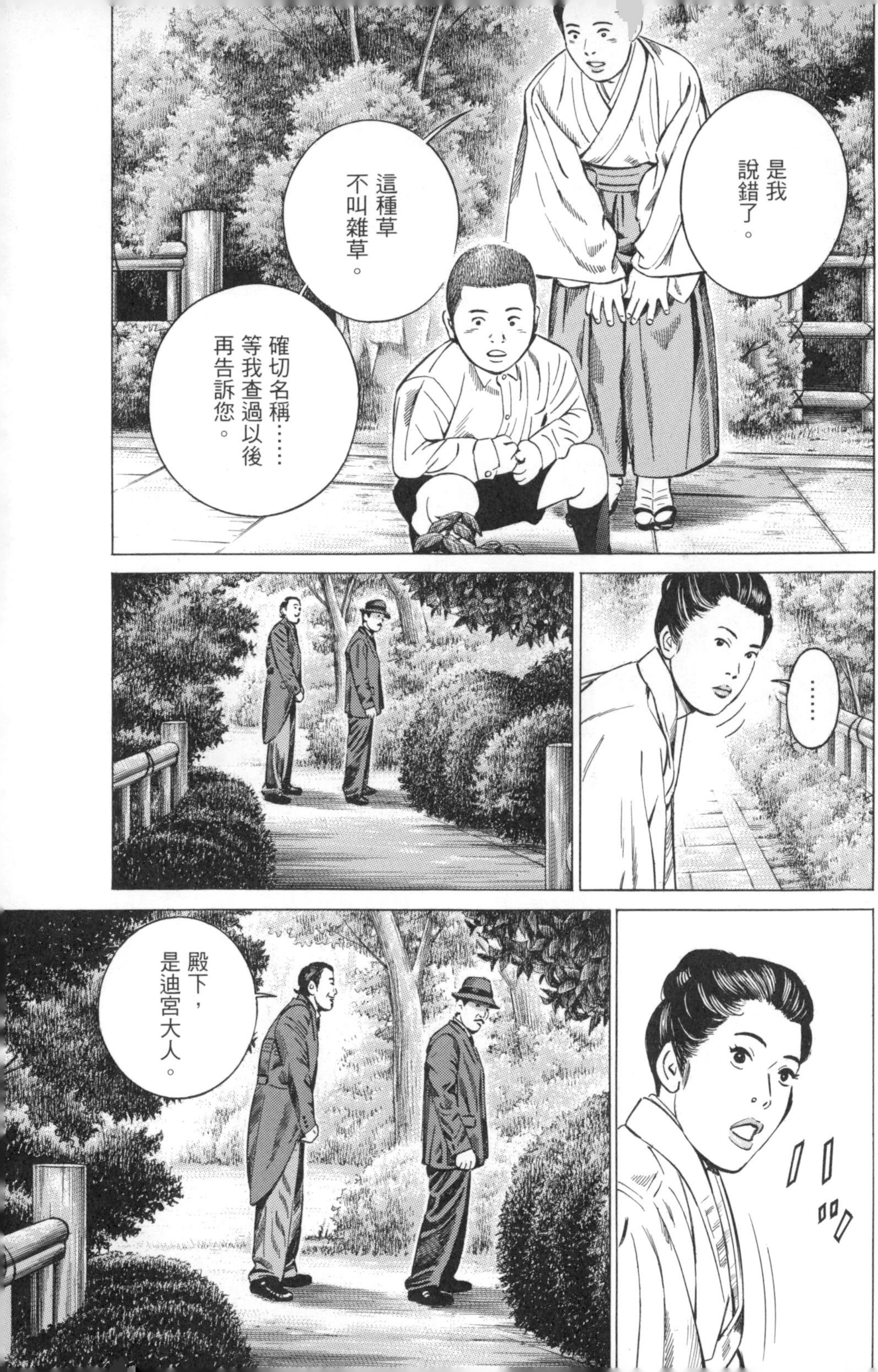
是我說錯了。
這種草不叫雜草。
確切名稱……等我查過以後再告訴您。
……
殿下，是迪宮大人。

*啊

迪宮啊……已經長這麼大了。
是——
迪宮大人！是嘉仁殿下……您的父親喔！
迪宮大人，來向您的父親請安吧。
不必了，晚點再說，我先去見光宮。
遵命。

「皇室」有個傳統，會把生下來的孩子交給外人養育。
迪宮裕仁親王在「命名儀式」的兩個月後，即出生七十天就送給別人養育了（川村純義伯爵邸）……!!
……
迪宮大人，有機會見到您父親真是太好了。
是啊。不過……
不過什麼呢？

母親大人今天沒有過來呢。
……!!
原來……是這麼一回事。
這才是他們找我來的原因……!!
阿孝，走囉——

來、來了——
……
對了，我不打算替鴿子報仇了。
我有點明白妳的意思了。
是。
迪宮裕仁當年才五歲，離「昭和」之世還很遙遠。

昭和天皇物語

第2話◎明治硬漢

第2話◎明治硬漢

乃木……
你想切腹嗎？
你到現在還是
很自責嗎……？
陛下將貴重的
兵力託付給我，
讓我去攻克
旅順……
結果我卻斷送了
成千上萬的年輕
生命！陛下！
求您恩准了……!!
讓我…切腹……
不行！
朕不准！

乃木，你兩個兒子都在這次戰事中喪生了……
是──我兒為國捐軀，我心甚慰……
……失去了兒子，想必很寂寞吧。
朕就賜你孩子吧！
咦!?

朕給的，可不是一兩個孩子。
陛下的意思是……？
朕要給你五百個孩子…乃木，朕命你擔任學習院的院長。
你先顧好初等科吧。

明治四十四年（一九一一），迪宮裕仁十歲。
校門前佇立著一位武人，他曾在日俄戰爭中指揮無數戰役，攻克旅順要塞和三〇三高地。

淳宮大人！您要像迪宮大人一樣，好好向前走啊。
淳宮大人，走好……
!!

院長大人，早安！
喔──淳宮大人總是朝氣十足呢。
！
院長大人，早安。
迪宮大人，您早。

ザッ
＊敬禮
明治天皇任命乃木希典擔任學習院院長。不消說，這樣的安排是為了就讀初等科的孫子迪宮。
皇孫殿下！堂堂男兒不該回首瞻望女子。
……

迪宮的班級共有十二人……
（其他班級三十人）
四年東組
這十二人都是皇族和貴族子弟。
院長大人有一個問題要問大家，
請說出你們現在最尊敬的人是誰！
我先說。
久邇宮大人，請回答。
我最尊敬的人，是當今的聖上。

我也最尊敬陛下了。
我也一樣。
……
我也很尊敬陛下！
迪宮大人，您最尊敬的也是睦仁※1陛下吧？
那麼，您最尊敬誰呢……？
不……我不太瞭解皇爺爺的事情。
我最尊敬義經※2了！
義經？

※1指明治天皇。※2譯注：源義經為鎌倉時代的戰神，是受日本人崇尚的英雄人物。

義經？
最尊敬的人是……源義經!?
為什麼？理由呢!?
他說他不太瞭解天皇陛下的事，但那位阿孝女士……
常告訴他義經的故事。
阿孝？
那名女子啊……!!

皇孫御殿──
コンコン
阿孝，我進來囉……!!
叩
妳是不是做了什麼，得罪到乃木大人了？
乃木大人剛才打了電話過來。
乃木大人有什麼事嗎？
他說從明天開始……
只要派侍從接送迪宮大人就好……!!
只派侍從？這、這是怎麼回事!?
這……

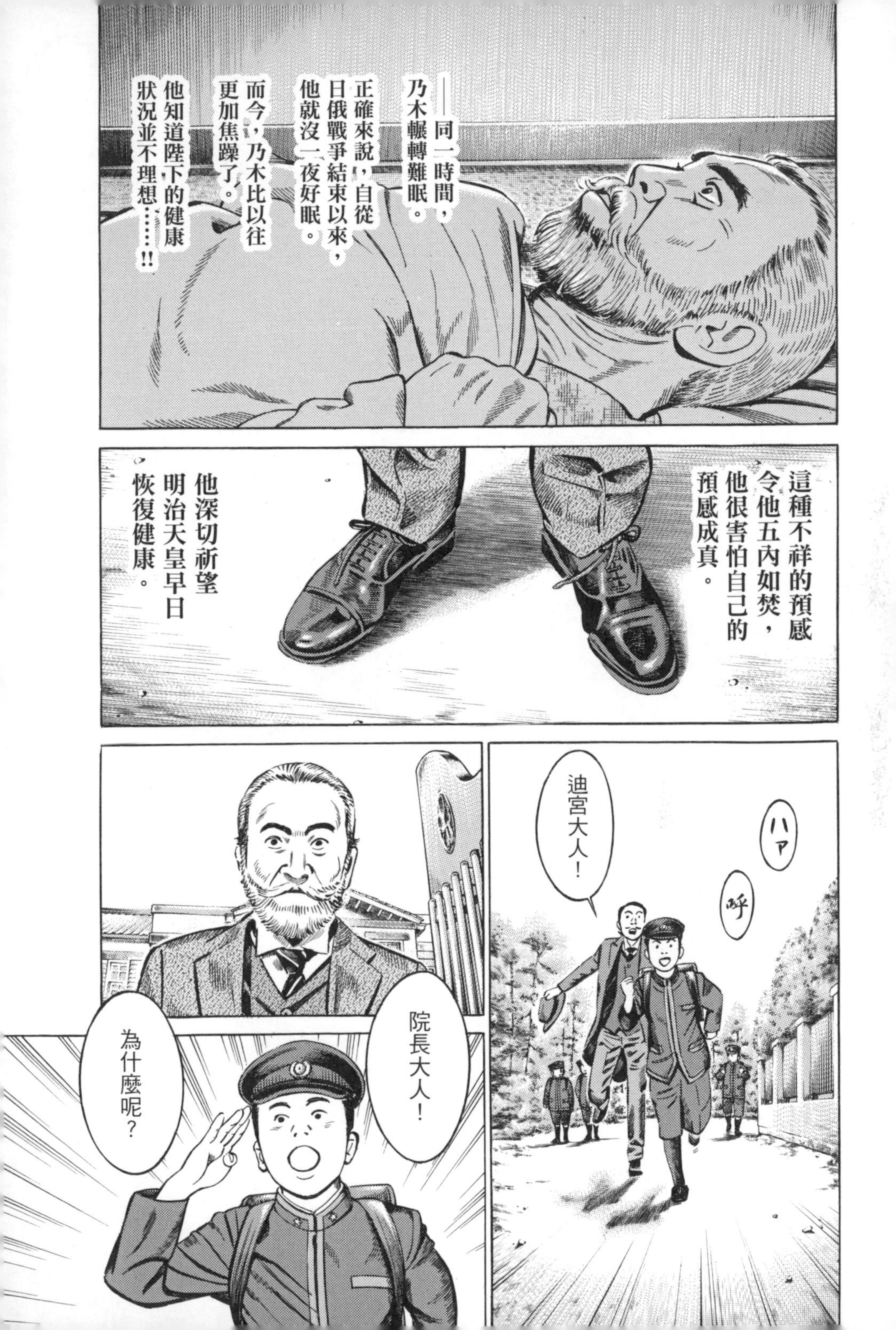
——同一時間，
乃木輾轉難眠。
正確來說，自從
日俄戰爭結束以來，
他就沒一夜好眠。
而今，乃木比以往
更加焦躁了。
他知道陛下的健康
狀況並不理想……!!
這種不祥的預感
令他五內如焚，
他很害怕自己的
預感成真。
他深切祈望
明治天皇早日
恢復健康。
ハァ
呼
迪宮大人！
院長大人！
為什麼呢？

為什麼你不准阿孝接送我？
喔——是迪宮大人!!您在生氣嗎？乃木就在等您生氣呢。
皇孫殿下！來跟我比一場相撲吧!!
聽說您很喜歡相撲對吧!!
……
ザッ
*沙
活動筋骨可以發洩怒氣喔。

迪宮大人，儘管放馬過來吧!!
迪宮大人……!!
喔喔喔!!

皇孫殿下！我乃木希典實在太難過了。
難過什麼!!
為什麼您在課堂上，沒有說您最尊敬的人是陛下？
陛下比誰都要聰明博學，處事態度也真摯誠懇，是位了不起的人物。
我知道!!
迪宮大人，再用點力!!

陛下比任何人都擔心日本的未來，
陛下比任何人都掛念國民的福祉!!
陛下他，
比任何人都關心您的成長啊!!
您的回答，太讓乃木我難過了。

陛下他，比任何人都關心您，請您務必⋯⋯

體察陛下的苦心!!

迪宮大人，比試輸了很不甘心嗎？
不甘心的話，就讓自己變得更強吧!!不只體能要變強，還要培養出永不放棄的強韌精神!!
迪宮大人，您總有一天要背負這個國家，您必須堅強地活下去……
這是陛下託付給我的使命！也是陛下派我來擔任院長的用意!!
迪宮大人，您要變強……
像陛下一樣。

クル
邁入新年，
*轉身
冬去春來——到了夏天。
……
明治四十五年七月三十日，
日本舉國同哀。

明治天皇——駕崩。
死因是痼疾糖尿病惡化，併發尿毒症，享年五十九歲。
「明治四十五年七月三十日，深夜十二點四十三分，陛下心臟麻痺駕崩，吾等無限哀戚沉痛難當。」（宮內省公告）
——九月十一日。明治天皇大喪的前兩天⋯⋯
カッカッ
＊喀噠喀噠
ザッ
＊唰

乃木大人……!!
您有何要事呢？怎麼突然想見迪宮大人？
一早前來叨擾實在抱歉，但我有樣東西一定要交給迪宮大人……
……還請原諒我的任性。
來，請進。

殿下……乃木大人來了。
當時，乃木希典交給迪宮的書，是江戶時代儒學家山鹿素行的《中朝事實》。
書中的大意是「日本沒有像支那一般數度改朝換代，也沒有被外國支配。國統由萬世一系的天皇支配，君臣之義尚存。」

「支那並非中華（世界的中心之意），日本才是堪當中朝（中華）的國家。」
皇孫殿下！
重要之處我已畫線註明，待您日後成長，請務必再重讀幾次……
＊闔上
院長，我很高興您還願意稱我為「皇孫」。
啊……!!是在下疏忽了……!!
該、該稱您皇太子殿下才是。
沒關係，就叫皇孫吧。

那麼，在下這就告辭了。
院長大人，您今天身著正裝呢。
迪宮大人……聽說您就任陸海軍少尉了……
您穿軍服想必會很合適吧……!!真希望先帝也能看一看……
……您有遠行的打算嗎？

院長大人！
如果您有機會
見到皇爺爺…
請代我告訴他。
我會變
強的!!
和皇爺爺
一樣!!

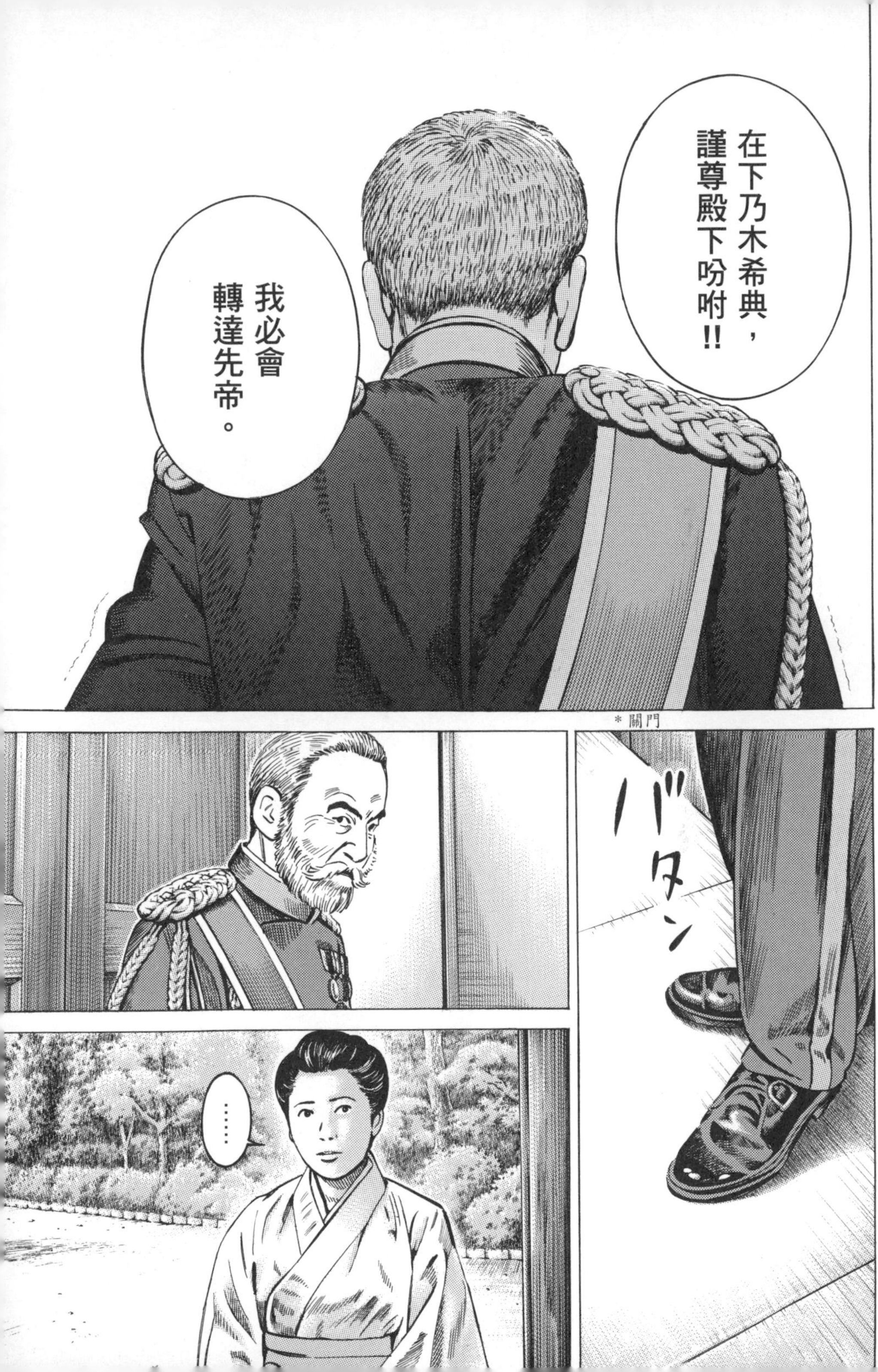
在下乃木希典，
謹尊殿下吩咐!!
我必會
轉達先帝。
*關門
バタン
……

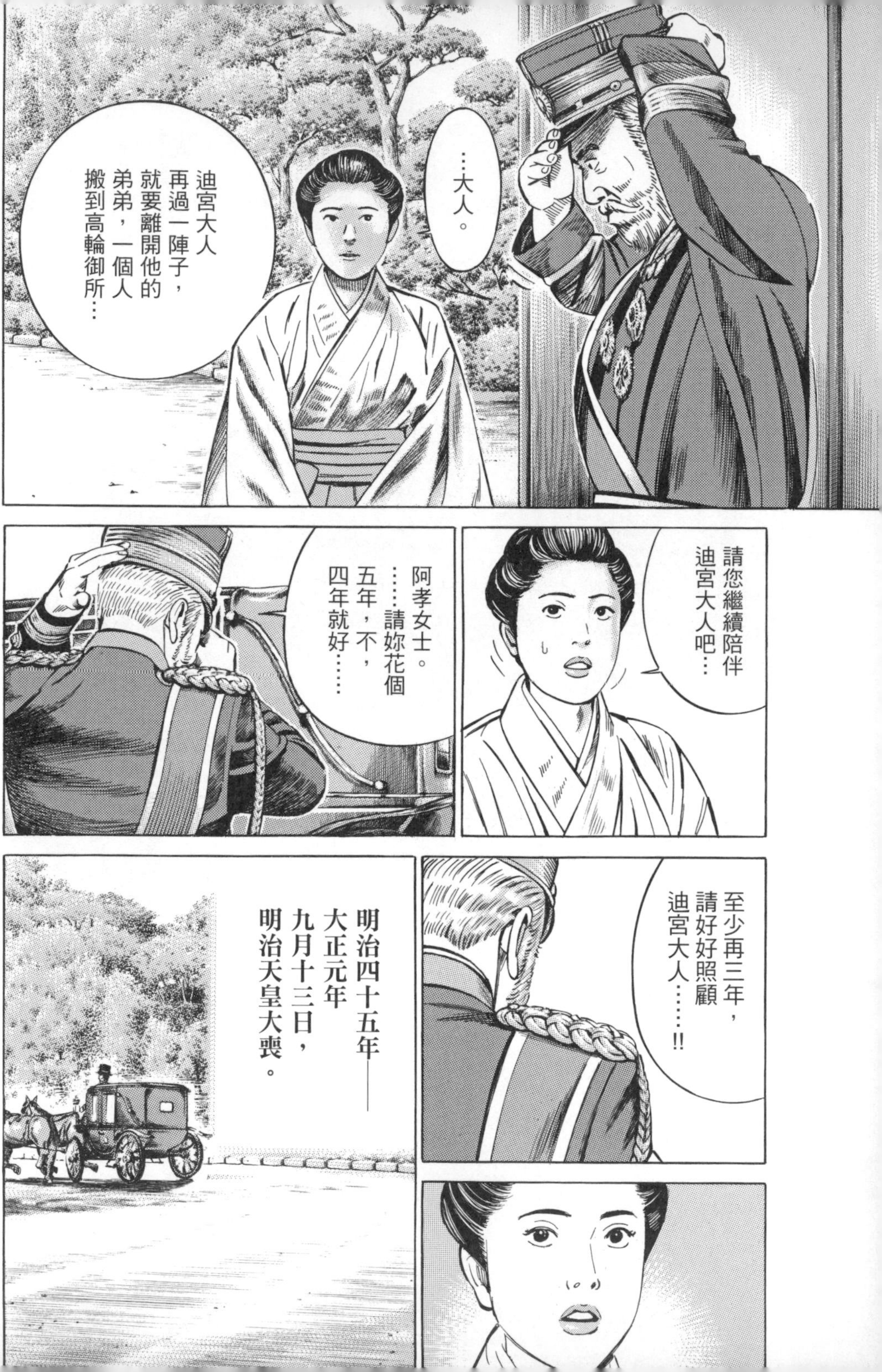
……大人。
迪宮大人再過一陣子，就要離開他的弟弟，一個人搬到高輪御所……
請您繼續陪伴迪宮大人吧……
阿孝女士。……請妳花個五年，不，四年就好……
至少再三年，請好好照顧迪宮大人……!!
明治四十五年——大正元年九月十三日，明治天皇大喪。

同日
晚間八點，
乃木希典
──自盡。

──日本
從明治時代，
邁向了大正。

昭和天皇物語

第3話◎阿孝與鈕扣

大正二年（一九一三），宮城（皇居）——
此時迪宮已經離開弟弟，搬到東京的高輪御所生活了。
迪宮！在高輪御所一個人生活還習慣嗎？
是的！父親大人。
只是…

光宮，過來這裡吧!!
——只是，身邊一直有侍衛相隨……
是嗎…
迪宮！你也該改口叫陛下了吧，怎麼一直叫父親大人呢…!!你可是皇太子!!
……

淳宮向皇兄敬禮。
皇兄長大會成為元帥吧!!
淳宮，別這樣…
皇兄!
等我加入海軍，我會與東鄉元帥一起幫助皇兄!!
淳宮，你還用不著想這麼久以後的事情!!
呼啊

迪宮大人、淳宮大人、光宮大人……差不多該回去了。
阿孝
阿孝!!妳下次什麼時候來高輪御所？我有好多話要跟妳說!!

比起我這個母親，看來迪宮更喜歡阿孝呢。
呼啊
迪宮！
在。
明年春天，你就要從初等科畢業了。我們正在討論要在高輪東宮御所設立學校，讓你畢業後直接就讀。
設立……學校？
沒錯！要找誰當院長呢？
畢竟乃木去世了啊……!!

學習院
那一天，帶領日本打敗俄國艦隊的海軍元帥——東鄉平八郎來到了學校。
大迫…院長，
感謝您的邀請。
東鄉元帥！看在我倆同鄉情誼，請您對中、高等科的學生說一些話吧…!!
這個麼…
我可不敢掛保證……

——我相信，這世上是有天祐和神助的!!
不過，正義方得天祐……至誠方得神助……!!
天道與正義同在!!神佛受至誠感召!!
這是我東鄉平八郎至今領悟的人生哲理——!!
你啊!
……
沒錯，坐最前面的這位，你以後想幹什麼？

我想成為軍人!!
軍人!?
從軍會死人的!!
要當軍人就加入海軍，別加入陸軍!!
加入海軍可保小命……!!
乃、乃木大人要是還活著…
肯定會吵起來……!!

……
ブロロ
＊隆隆
不好！以前的毛病又犯了……說了不該說的……!!
要自重才行啊……!!
＊關門
バタン
海軍省——

元帥！
小笠原參謀在您的房間，已經等了一個多小時了。
嗯!?
又是他……他今天來幹什麼…？

御學問所!?
是的！高輪東宮御所之中要創辦一所學校!!
這是專為裕仁皇太子而設立的學校!!
……
在東宮……設立御學問所啊!!
這是已故的乃木大人的提案，也獲得先帝※的認可了。

※指明治天皇。

乃木嗎……
小笠原啊，
你在學習院
當差幾年了？
跟了乃木多久
啦……？
我與乃木大人
在學習院共事了
一年又七個月。
然後!?
咦？
你到底找我
要幹什麼？
我還沒聽
你說呢…？
*起身
ス
ッ

東鄉大人！我想請您擔任東宮御學問所的總裁!!這也是乃木大人的遺願!!
……
小笠原你……!!
你知道我和乃木差在哪裡嗎？
您說……差異？我不知道……
我運氣很好，而乃木的運氣很差。
我有優秀的部下，他卻沒有優秀的部下……不過呢!!

乃木他有一樣我缺乏的東西。
那就是仁德，他有受萬民愛戴的仁德。
小笠原，御學問所總裁一事，容我拒絕。
……
我無法成為乃木，請回吧!!

大正三年三月。
ブロロロ
不知有何要事……
不曉得，只說要請妳盡快過去一趟……
迪宮大人要我馬上過去……肯定是有不可告人的煩惱吧!!

*隆隆

*嘰

……
誰啊？
我是在赤坂御所當差的足立孝，裕仁殿下請我過來一趟……
＊喀啦
カチャ

阿孝！
阿孝，上前來…!!
遵、遵命。
我扣子一直扣不好，所以偷偷打電話找妳。
花了一個小時才弄好。
就是這裡的扣子！
啊！

退下——
ㇰタン
*啪

阿孝女士……迪宮大人到底有何要事呢？
阿孝女士!!殿下到底說了什麼!?
抱歉……請原諒我不能說……!!
裕仁殿下今天是要到先帝的伏見桃山御陵參拜對吧……？
是啊，初等科畢業在即，這行程太過緊湊了……

去年殿下是和皇弟們一起參拜的……今年卻只有自己一個人……
元帥！
東鄉元帥!!
……!!
不好了。

宮內省的渡邊大臣打電話來了。
何事？
大臣說，
請元帥馬上到沼津一趟……
沼津？沼津御用邸嗎？現在皇太后用來療養的沼津御用邸!?
是的!!
說是陛下有要事找元帥一談。
沼津御用邸——

可憐吶……迪宮。
……東宮御學問所的總裁，還是要那個人來當才行…!!
快啊——!!要在四小時內，不、三小時內趕到沼津——!!我可不想成為讓陛下苦等的國賊啊~!!

第4話◎倉促創校

大正三年（一九一四）春，沼津御用邸──
ぐわっ
*鼾──
陛下!!
東鄉元帥已經抵達了!!
……

……
東鄉……你走近一點，朕看不到你。
在下豈敢逾矩……!!
這是皇命！走近一點……再近一點!!

再往前一步!!
再一步!!
再進一步……!!
!!
陛下……
東鄉……!!朕很困擾啊。父皇他…先帝看重長幼有序，相形之下……節子皇后太過偏心了。

陛下的意思是……
皇后太偏愛二皇子淳宮了……
她只疼淳宮一個，完全不把長子迪宮放在眼裡。
是說，她給朕生了三個皇子。
多虧有她，皇統還算安泰……可是，這樣迪宮未免太可憐了!!
是……
所以呢，東鄉!! 朕要託付於你。

你願不願意幫忙照看迪宮？就和乃木一樣……!!母后昭憲皇太后※臥病在床，她也十分擔心迪宮的將來啊……!!
東鄉，朕想命你為東宮御學問所的總裁。……你意下如何？
大正三年三月，東京小石川——
カッ
濱尾先生。
「杉浦重剛」是位什麼樣的人物呢？

※明治天皇的皇后。

這個麼……簡單說，就是一個很頑固的人……!!
聽說，你與杉浦重剛認識四十年了……
……他以前在大學南校唸書的時候，我是南校的幹事。
濱尾新
東宮御學問所副總裁，前文部大臣。
※東京大學的前身。
小笠原！你跟東鄉大人相識多久了？
……
將近十年……是在日俄戰爭之後開始跟隨元帥的……
哦──
乃木大人很照顧你，東鄉大人也很看重你，你很會做人啊……!!

小笠原長生
東宮御學問所幹事，海軍大佐。
……對了，東宮御學問所是乃木大人的構想對吧。
乃木大人最重視帝王學，沒想到他卻沒有決定要找誰來教……
希望杉浦他願意擔此大任啊……
杉浦的家……應該是那一間吧……？
杉浦
ガラ
＊喀啦

打擾了！請問重剛先生在家嗎!?
……
夫君正巧不在……請問二位是？
唉呀，失禮了!!
夫人！我是濱尾，十年前曾來府上叨擾過。
這、這樣啊……
……
夫人！請問杉浦先生去哪了？

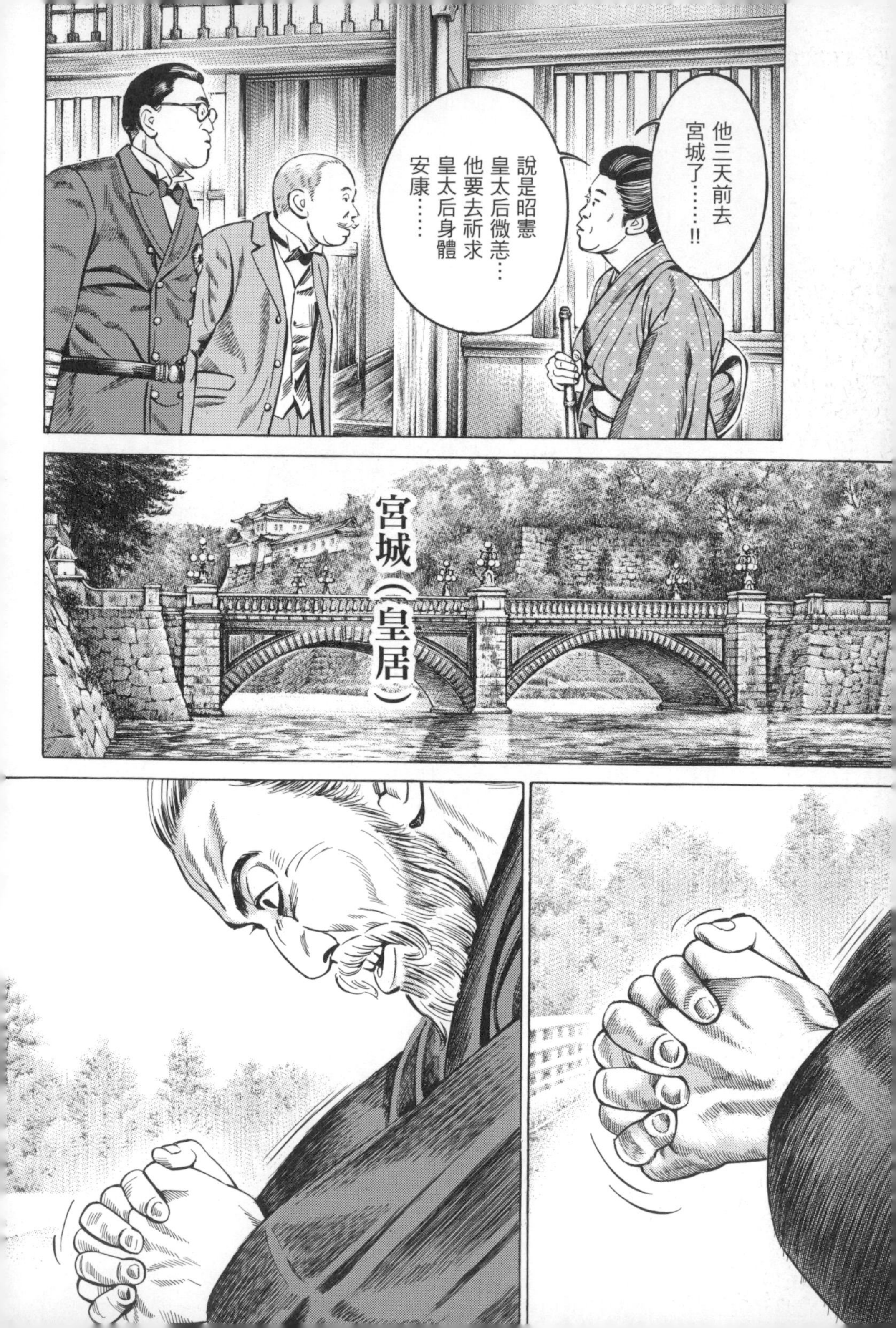
他三天前去宮城了……!!
說是昭憲皇太后微恙…他要去祈求皇太后身體安康……
宮城（皇居）

*滴答

大正三年（一九一四）
四月九日，
偉大的明治天皇的皇后
——昭憲皇太后逝世。
（對外公告是四月十一日）
同年的五月四日，
東宮御學問所
正式創校——
由於正值
皇太后過世
的服喪期間，
創校典禮
於御所內的
洋館舉辦，
一切從簡。

殿下……請您就座。

臣東鄉平八郎啟奏殿下。
從今日起，本學問所將肩負教育殿下的崇高使命。
本學問所是專為殿下籌備的教育機構……
由偉大的明治大帝提議，

並且，
……由已故的乃木大人安排策劃。
可以說，東宮御學問所是依照乃木大人的遺言設立的。
我，東鄉平八郎，
將繼承乃木大人的遺志…

東鄉元帥……可以了。
……多謝。
殿下感謝我……他聽了我的祝詞，是真心這麼想的嗎……!?不曉得……真不曉得啊……唔～
還有，御學問所都已經創校了，最重要的倫理與帝王學的教師卻尚未決定。

乾脆拜託乃木大人起死回生好了？
哈哈……開玩笑的。
濱尾先生，您不是登門拜訪過杉浦重剛了嗎？
山川健次郎
東宮御學問所評議員，東京帝國大學總長（校長）。
去是去了!!……可是對方不在家，我便請夫人代為傳話。
至今未得聯絡是嗎？山川先生，不然這樣吧，
在找到正式人選前，由你來擔任倫理與帝王學的教師……
在下身兼帝大總長，此等重任愧不敢當…

也是，所以你才推薦杉浦這個平民來任教啊……!!
是的……!!杉浦重剛為人高風亮節，濱尾先生也知之甚詳。
……我也認為他很適合擔任倫理與帝王學的教師……
コン
叩
方才守衛來報，說大門那邊…
有個怪人。
怪人又怎麼了？
那個怪人說，他要找濱尾先生一談……
!!
是杉浦!!

ハァ
呼
!!

歡迎回來，夫君。
*喀啦
ガタン
我晚點再吃飯洗澡!!
先幫我倒一杯酒吧!!

那麼……
濱尾先生跟你
說了什麼呢？
＊咕咕…
グググ！
＊咕嘟
ゴクン
＊咕嘟咕嘟
ゴゴゴクン
呃……
夫君……
＊咚
ドン

……
他們拜託我，
擔任皇太子的倫理與帝王學教師。
咦!?
我呢，
從今晚開始戒酒。
……我在教育界，已經算是古董級的過時人物了……
沒想到，還有人惦記著我這個老古董啊……!!
是……是啊!!
到了人生的最後，

最後的最後，
我居然還有機會擔此大任!!
恭喜你啊，夫君!!我也會盡一切努力幫助你的，有什麼需要的話你儘管吩咐吧!!
說得好!!
從明天開始有得忙了。

※譯注：即後來的靖國神社。
當天深夜，一對老夫婦來到東京※「招魂社」參拜。
男子的目光炯炯有神……透露出無可動搖的堅定決心。
大正三年五月二十二日，杉浦重剛——
正式擔任東宮御學問所的倫理與帝王學教師——

第5話◎震撼的第一堂課

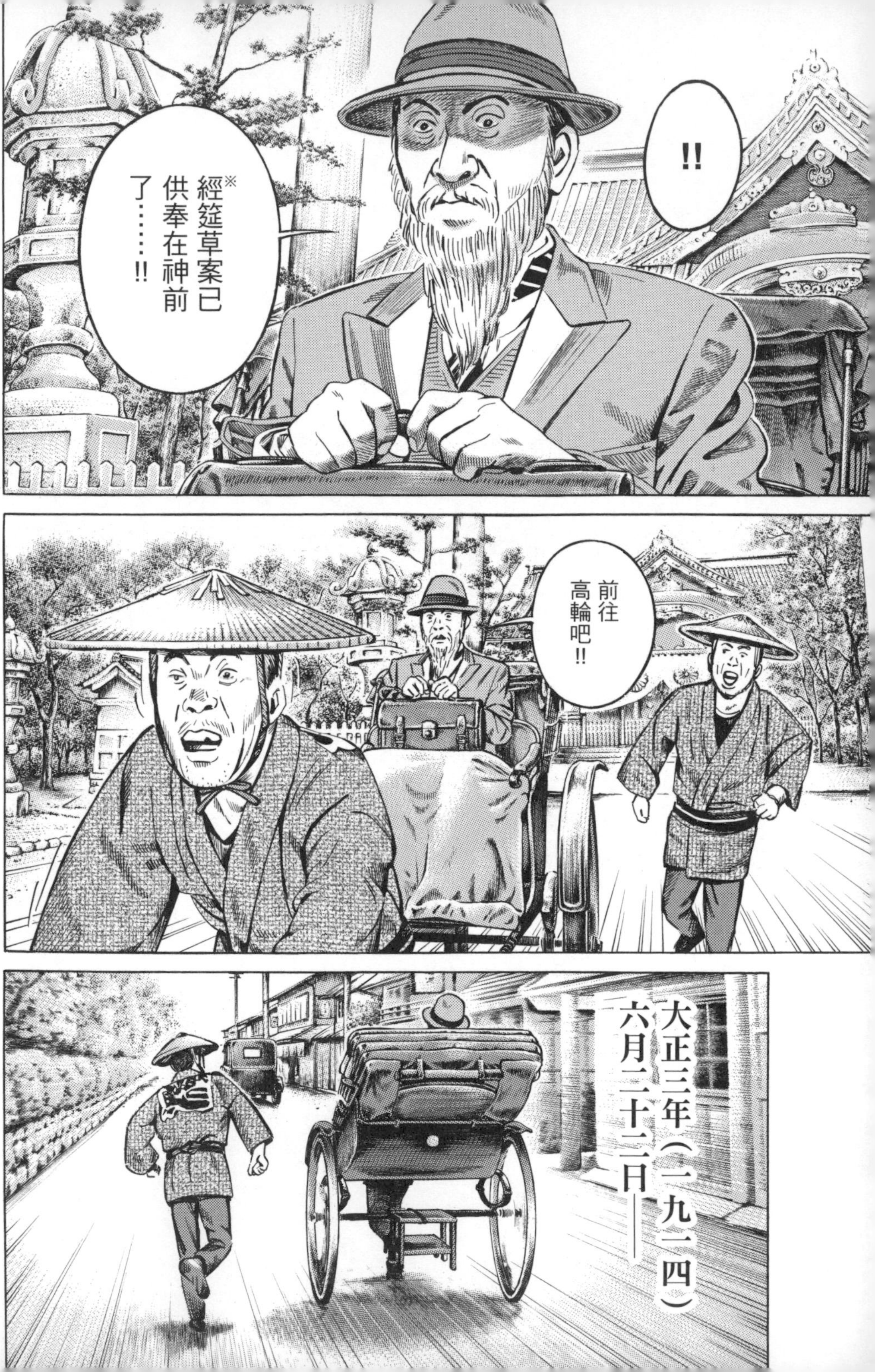
!!
※經筵草案已供奉在神前了……!!
前往高輪吧!!
大正三年(一九一四)六月二十二日——

※指對皇子授課。

ブロロロ
*隆隆
小笠原啊，這一天終於來臨了！
是啊……今天是杉浦第一次講課的日子。
小笠原，有一件事我蠻在意的……
你直接稱呼他為杉浦不太妥，他好歹是皇太子的講師。
啊，也對。應該叫杉浦老師才對。
小笠原啊，我告訴你一則關於杉浦的趣事吧。

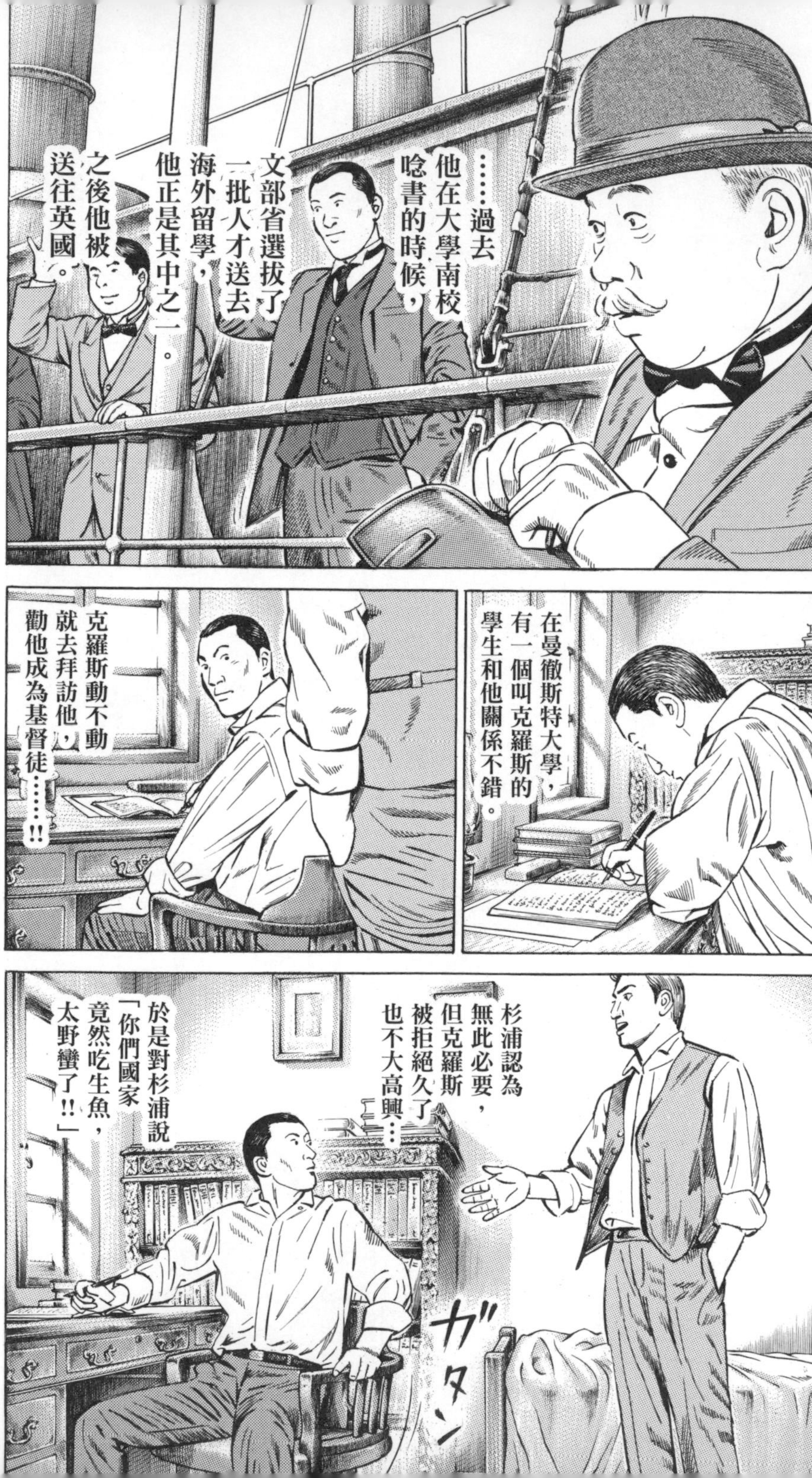
……過去他在大學南校唸書的時候，
文部省選拔了一批人才送去海外留學，他正是其中之一。
之後他被送往英國。
在曼徹斯特大學，有一個叫克羅斯的學生和他關係不錯。
克羅斯動不動就去拜訪他，勸他成為基督徒……!!
杉浦認為無此必要，但克羅斯被拒絕久了也不大高興……
於是對杉浦說「你們國家竟然吃生魚，太野蠻了!!」
ガタン

*喀

「笑話!!你們國家食用生髓冷血的牛肉，比我們日本還要野蠻吧!!」
「你們日本男人輕視婦女，這就是野蠻的證明。」
「那你們婦女輕視男人，豈不是比我們更野蠻!!」
換言之杉浦重剛這個人…
就是擇善固執!!不管對方說什麼，他絕不退讓!!
This is Japanese !!（這就是日本人）
同一時間

嗯？
你問我為什麼要雇兩名車夫是嗎……!!
是的!!
萬一你們其中一人，在途中遭遇事故或發病怎麼辦？
只雇一個人我無法安心……!!早上五點半出發也是為慎重起見…!!
替殿下上課是不能遲到的，你們知道嗎!!
明白——

高輪東宮御所──
ブロロ
※隆隆
咦!?
……那個人，該不會是杉浦……!?
果然是杉浦啊!!
怎麼了，看他好像很生氣!?

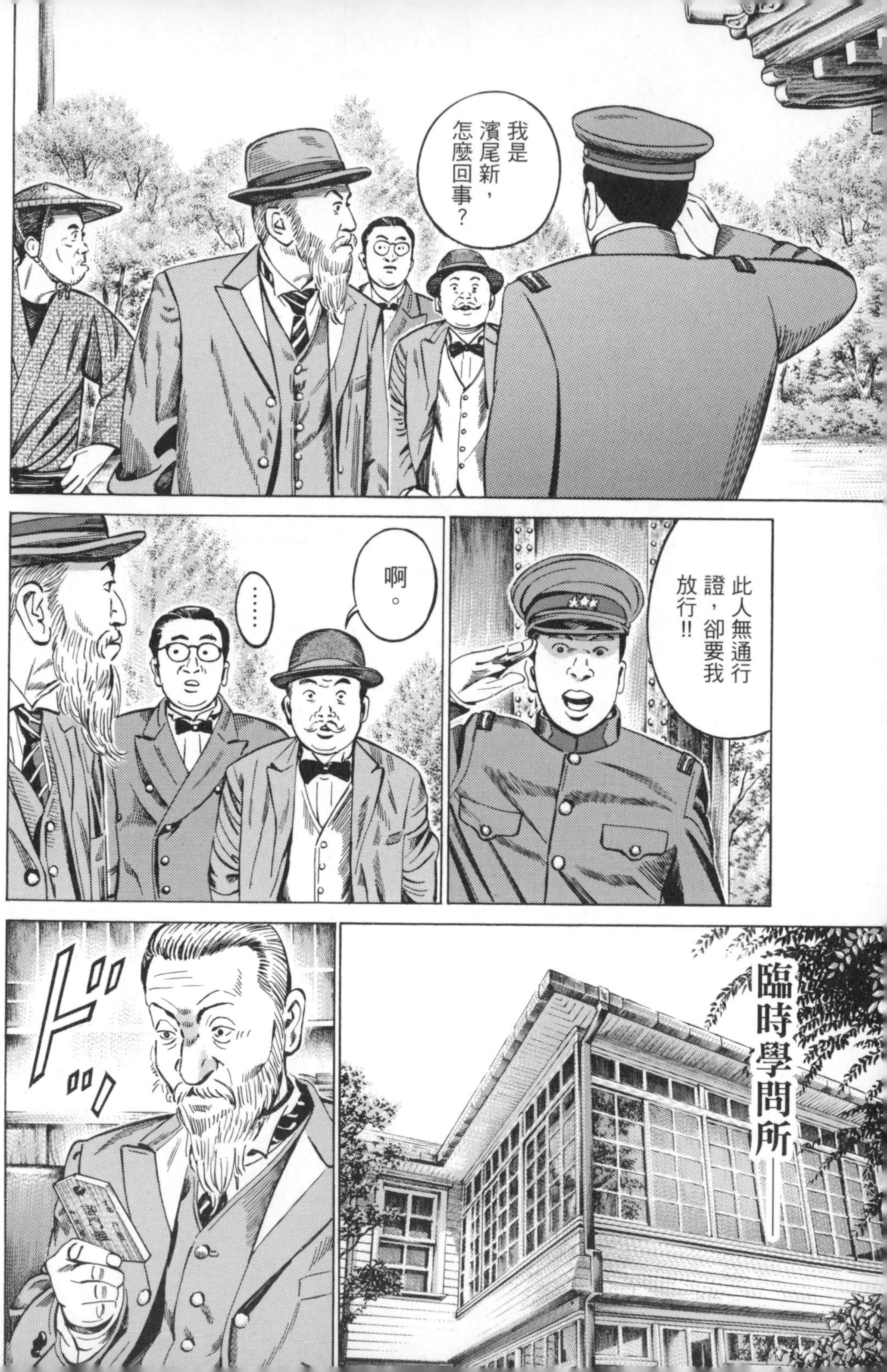
我是濱尾新，怎麼回事？
此人無通行證，卻要我放行!!
啊。
……
臨時學問所——
ドド
*盯

抱歉啊，杉浦。我應該事先把通行證交給你的……
杉浦老師，真的非常抱歉。
只是，想不到作為客座講師的杉浦老師……
竟然會這麼早到……
小笠原原本還打算去正門迎接你呢……
＊喀啦
ガチャ
我來替殿下講解倫理，但少了這張通行證連出入都有問題……

喔——杉浦老師!!
我很期待你今天的課喔!!
……
……
杉浦先生！這位是白鳥庫吉老師!!
久仰大名……
……在下杉浦。
敝姓白鳥。……杉浦老師，看您似乎非常緊張啊……
白鳥庫吉
東宮御學問所歷史教師，東京帝國大學教授，文學博士。

那麼，
今天是第一堂倫理課，你準備了什麼樣的內容!?講來讓我東鄉平八郎聽聽吧!?
主題是──「三神器※」。
三神器？……嗯……
能不能再說得詳細一點？
其他內容……還請您隨堂聆聽吧!!
!!
※編注：三神器為八咫鏡、天叢雲劍及八尺瓊勾玉，是象徵皇位的神聖寶物。

殿下，敝姓杉浦，從今天開始擔任倫理課的講師……!!
!!

我……
一時還以為看到了乃木大人呢……杉浦老師。
聽我的課不用抄筆記!!只要集中精神專心聽講足矣。

殿下……
倫理與帝王學的第一堂課，容我為您講解關於「三神器」之事……!!
首先……三神器為何尊貴無比呢？
其一，三神器乃皇位的象徵，同時代表智、仁、勇三大品德。
鏡為「智」，玉為「仁」，劍為「勇」……

杉浦重剛正式接受
任命不過一個月，
就站上講台授課了。
換言之，
他備課的時間
只有一個月。
這一個月
對杉浦來說……
是負擔非常大
的一個月。
他要構思
授課方針、
準備教案……

殿下……!!
您可得聽仔細了，倫理光用嘴巴說是一點用處也沒有的。
重點在於「實踐躬行」，要自己去做、親身體會才有意義。

杉浦老師!!
你上課的方式我算見識到了，有一件事我想拜託你……
請說？
今後的授課內容，
請事先提出草案讓我過目好嗎？
理由是？
……理由？因為我是這間學問所的總裁……這就是理由!!

我知道了。
這是接下來三堂課的草案。
……
那我就先告辭了……
杉浦啊——
第一堂課上得很不錯喔！

久松同學，你再用點力啊。
嗯～!!
這就是全力了嗎…那我要認真囉!!

呃啊。
大迫，你真是力大無窮!!
手好痛⋯⋯
大迫同學，你的腕力很強呢。
我小時候，
經常找我那些哥哥比腕力⋯⋯!!
大迫同學，
也跟我比腕力吧？

呃，不敢不敢。
我們怎麼能和殿下比試呢。
我松平直國來會會你。
大迫寅彥，決勝負吧!!
唔!!
哦哦!!
一、
二、
三!!

真好……
錯了!!全錯了!!大錯特錯啊!!

「對天皇來說，最重要的莫過於仁愛……就算是犧牲自己，也該將國民擺在第一順位……」
小笠原!!這完全寫錯了吧!!
是的……「獨一無二、亙古不變」…
天皇陛下是極其尊貴的。
然而這內容，彷彿在說天皇應該服侍臣民。天皇的地位是絕對的!!哪有臣民要求天皇付出的道理…

老爺……您出勤辛苦啦!!
嗯。
縱知己身無足取矣，
咦？
自此我身不由己。
杉浦重剛擔任東宮御學問所教師的第一天告終。

第6話◎自製印鑑

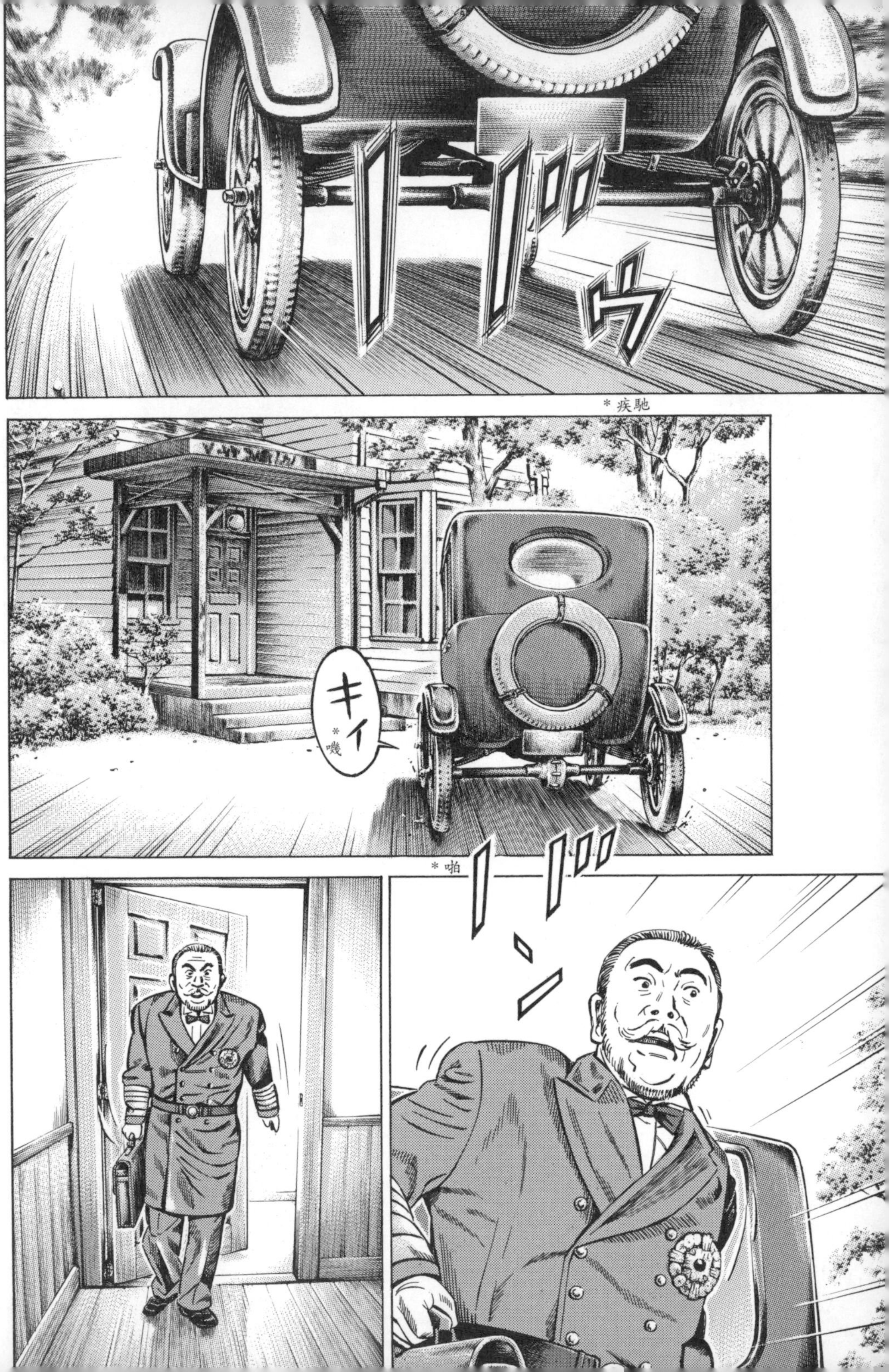
* 疾馳
キイ
* 嘰
* 啪

殿下……
「仁愛」是最重要的品德，天皇必須表現出寧可犧牲自我，也要「保護國民」的情操……!!
＊躂躂
我國必須勵精圖治，
才有辦法與西洋列強為伍……
＊喀啦

!!
殿下…在下東鄉平八郎有失警覺，竟然睡過頭了。
請殿下恕罪!!
參觀並非義務，大人站在那裡會妨礙授課的…
請就座吧。
噗哧
*咚
ドッ

小笠原！……杉浦有說那段話嗎!?
就是「仁愛為重」那一段!!
有，我已勸告他多次，希望他能改變授課內容……
他還是講了嗎!?
殿下……仁德天皇說過，
「民之富強，
即為朕之富強」……!!

東鄉總裁，
您睡過頭與我的授課內容有什麼關係嗎……？
自從看過你提出的授課草案，我就沒一夜好眠…那些話是不該說給殿下聽的……!!
昨晚……直到今晨都沒睡好，我一直到雞鳴聲起才入睡啊!!
那請您早點回家，好好補眠吧……
慢著！帝國憲法第三條「天皇乃神聖不可侵犯」……!!

杉浦先生!!你的說法完全相反啊!!
你是在告訴殿下，天皇該服侍臣民是嗎!!
東鄉…元帥…您知道「霸道」和「王道」的差別嗎……？
「霸道」是以武服人，「王道」則是以仁治國。
日本天皇必須行「王道」之路。
明君不能沒有王道。

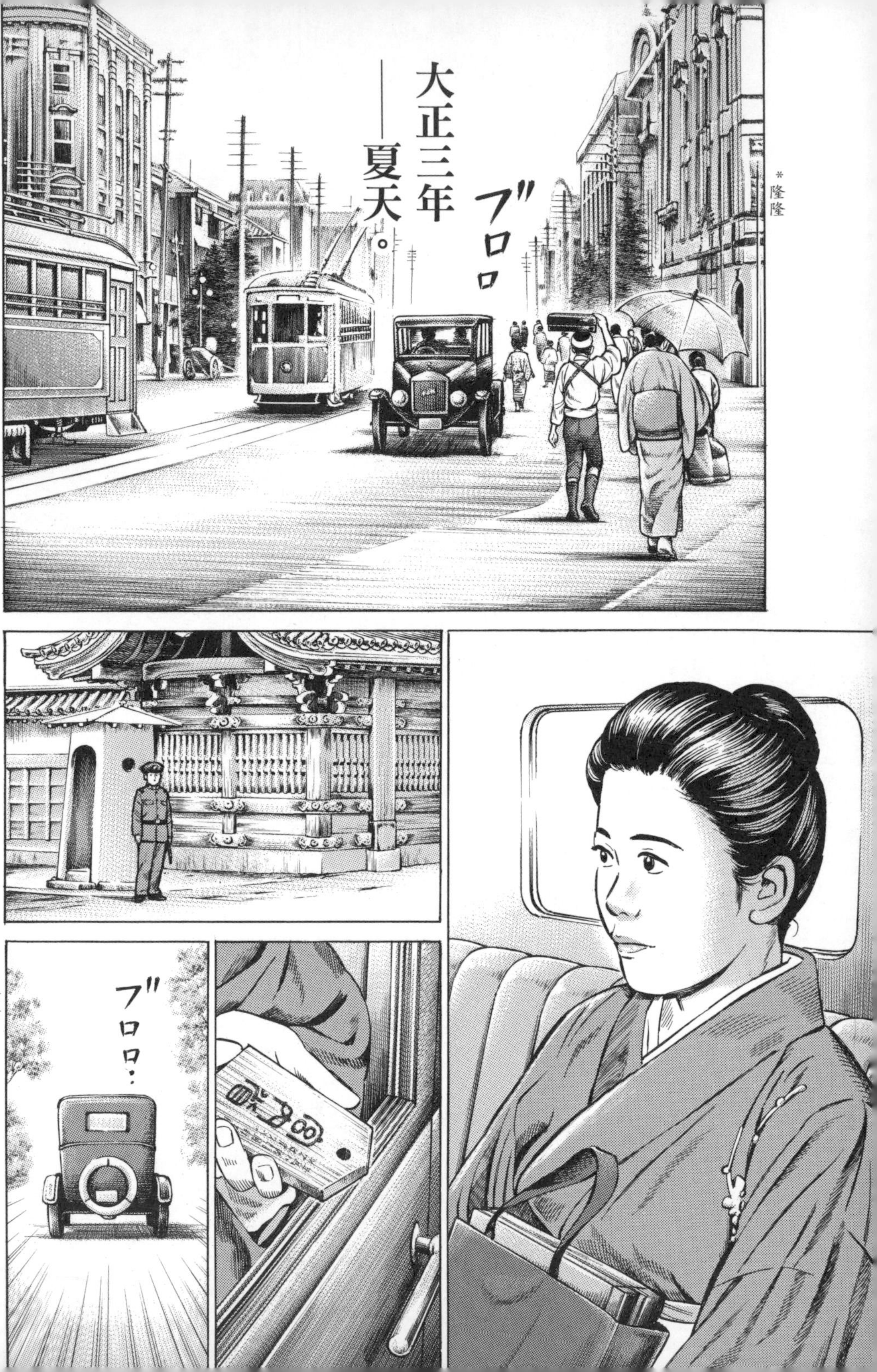
大正三年——夏天。
ブロロ
*隆隆
ブロロ…
*隆隆…

ブロロ
＊隆隆
唉呀！
ザッ
＊沙

向阿孝閣下敬禮——
殿下!!
好久不見，足立孝應約前來了!!
「阿孝，淳宮和光宮，他們還好嗎？」
「是的，殿下的弟弟都很活潑，個個生龍活虎。」
「殿下，您的五位同學如何呢？」
「……」
「您的同學，都是在這裡寄宿的吧？」
「他們都回家了，每逢假日都會回去。早上先回家，晚上再回到這裡……」

啊……這棟建築物，難不成是新的御學問所校舍？
好像完成了，下個月起要在這裡上課。
殿下……您和同學處得怎麼樣……？
還算好。……大家跟我相處多有顧忌，這一點還是和以前一樣……
每次看他們相處，我都蠻羨慕的。
羨慕？
大家交談時，都直接稱呼對方的名字…!!而我卻沒有名字。

對了，阿孝。我有東西要給妳看!!
這個！
這是什麼呢……!?
竹…山…難不成是印章……？木製印章!?
嗯，是我自己刻的印章。「竹山」這名字取得不錯吧？是從我的御印※「若竹」聯想來的，今後我要讓大家都這樣叫我。
這可難說了……大家真的會這樣稱呼殿下嗎？
一定會！我要他們對我說「竹山，早安」！
畢竟我是皇太子啊!!

※皇族的日常用品上都會有的印記。

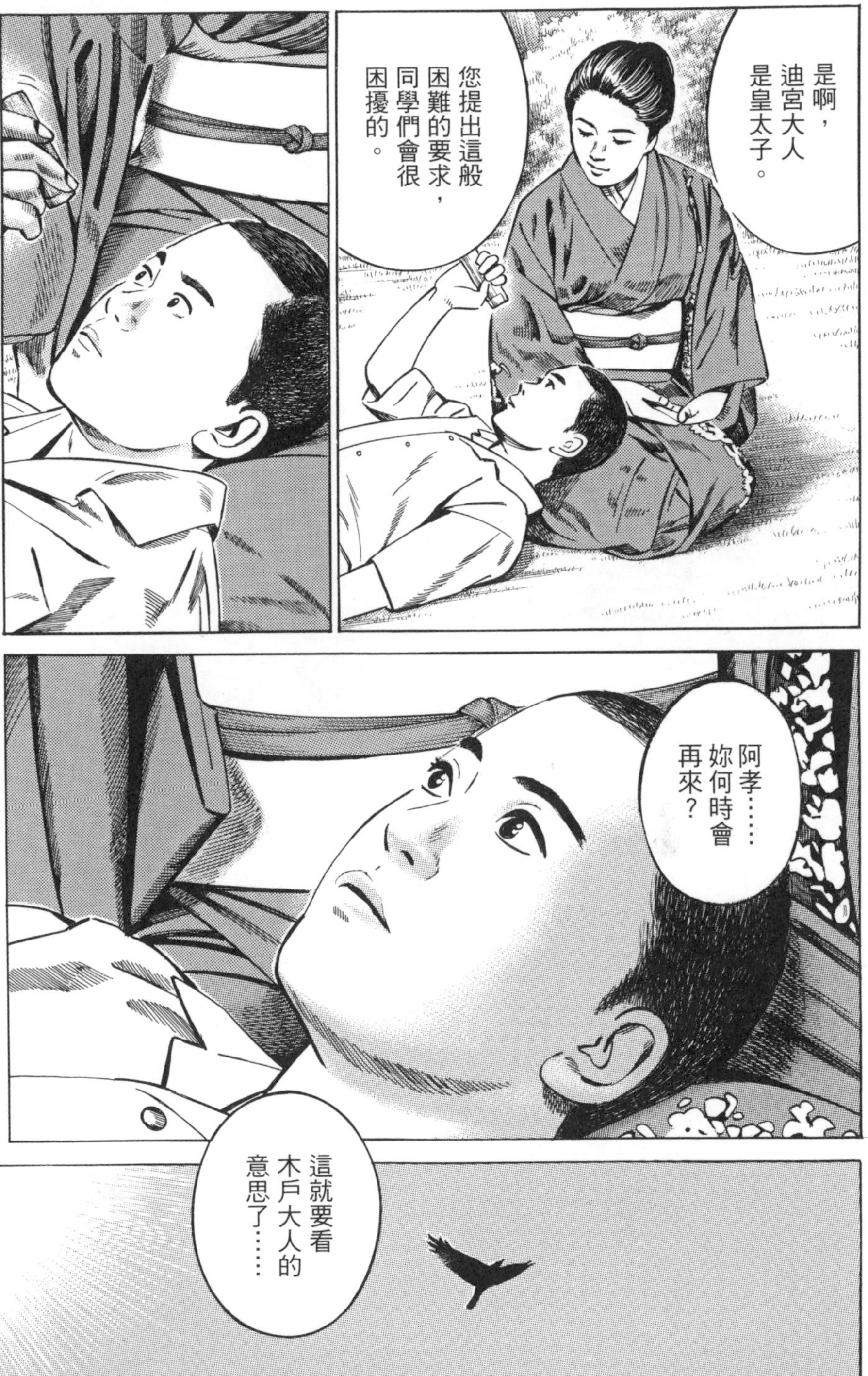
是啊，迪宮大人是皇太子。
您提出這般困難的要求，同學們會很困擾的。
阿孝……妳何時會再來？
這就要看木戶大人的意思了……

大正三年九月——東宮御學問所新校舍啟用。
殿下……我今天要為您講解《教育敕語》。
《教育敕語》的開頭如此寫道「朕惟我皇祖皇宗……」

「朕惟」中的朕字是指明治大帝自己，因此這句話意思是「我深以為」。
「皇祖皇宗」是指天皇的祖先，而我日本國君民一體，天皇的祖先……就是全體國民的祖先了。
《教育敕語》正式名稱為《教育相關敕語》。於明治二十三年（一八九〇）公布，為當時日本教育骨幹的敕語——意即天皇對國民發表的談話。

「一旦緩急，」的意思是!!
在戰爭或國難這一類的非常時期，
「則義勇奉公。」
為國家社會盡一個國民應盡的義務。
聽仔細了，殿下……!!這絕對不是在鼓勵軍國主義。
國民保衛國家是理所當然之事。而日本國擁立的是萬世一系的天皇。

換言之，天皇與國家是一體的。
「一旦緩急」所提到的危急關頭，若真的發生了，
不是國民要為天皇犧牲!!
而是天皇要與國民一同活下去，共同保衛國家和國體……
唔——
……

切記，是為了國家一同活下去!!

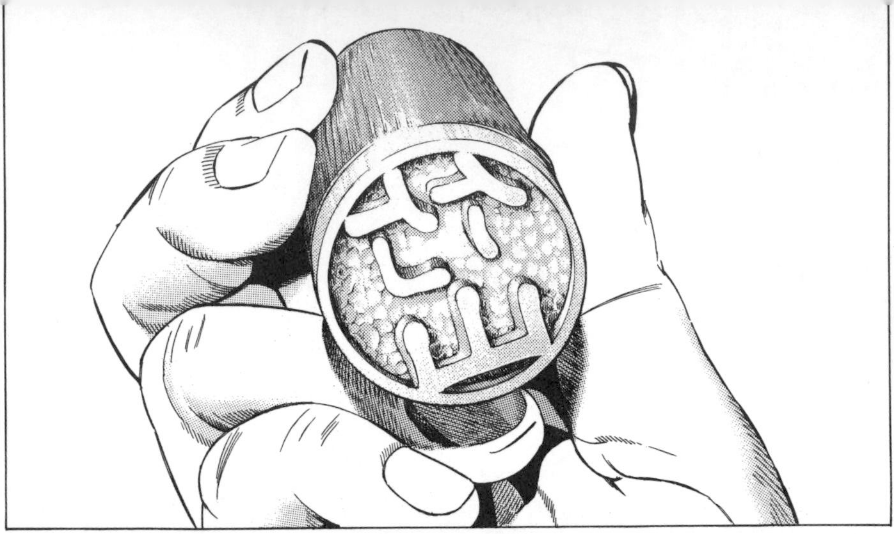

杉浦老師講課時
對我也有所顧忌……!!
他在說謊嗎……!?
「一旦緩急，
則義勇奉公。」
「真正的意思是，
萬一發生戰爭，
要鼓起勇氣
為國家盡義務。」

「以扶翼天壤
無窮之皇運。」
「這是說，
人民要為國家作戰，
持續守護國家和皇室
的命運，讓這兩者與
天地一樣永世長存。」

這才是
國民的義務。
國民——
御學問所的同學……
老師……
以及所有人——
都要為國戰鬥!!
為皇室……
為天皇而戰!!
……
阿孝…
阿孝……
看來我是
當不成
「竹山」了。
我……
我啊——

朕，
チャポン
＊撲通
即是國家
——

……
老爺……瞧您悶悶不樂的，怎麼了嗎？
嗯——
一介凡人要講述帝王學，太過困難了!!害我又瘦了不少……

那一天，
不知名的大鳥
在空中任意翱翔，
時代離「昭和」
又更近了一步。

第7話◎足立孝之涙

木戸大人……您說我這份工作只做到明年三月就好是嗎？
……
大正三年（一九一四），宮內省——
……阿孝女士，妳照顧諸位皇子有幾年光景了吧？
我記得是從明治三十八年開始……
是，今年第九年，明年就第十年了……
十年剛好告一段落是嗎……!?

阿孝女士，勞煩妳特地跑來一趟，卻告訴妳這樣的事，我也很過意不去……!!可是!!
守護皇子們的成長就是我的喜悅……!!我現在還不想辭職。
請容我再陪伴他們一陣子吧…
阿孝女士！……我們不能再佔用妳的青春了，女人家有女人家的幸福……
我說，阿孝女士!!
海軍有一個很不錯的對象，只可惜夫人早死，現在一個人過活。

什麼？
如何！要認識一下嗎!?
他名叫鈴木……
請不要再說了!!
我不想聽——!!
……

高輪東宮御所——
我日本國自古以來…
……有歷史悠久、淵遠流長的神代物語!!
故事包含建國由來、皇室本源、國民精神的精髓——
網羅了我國一切重要的元素!!
歷史教師白鳥庫吉的課程。
神代の物語

伊邪那岐、伊邪那美這兩大神祇……
誕下了天照大神、月讀尊、素戔嗚尊諸位大神……!!
不過，這一切都只是故事。
稱不上歷史!!

神
物
神代物語純粹是神話，絕對不是歷史!!
白鳥老師……擔擱你一點時間。

現在一般小學的國史教科書，都記載著天皇陛下的祖先乃是天照大神!!
你怎麼說那是神話呢!?
東鄉元帥……神代史確實是神話!!……我教給殿下的那些知識……
*喀啦
カチャ
沒有半句虛言。

!!
喔喔……打擾到各位議事了嗎？
不好意思，我忘記拿帽子了！
杉浦老師……這算是吳越同舟嗎？
不！
我和你又不是敵人。

杉浦老師，您還記得嗎？我以前就讀※大學預備門時，您當時正擔任預備門長。
……記得，你的好友木內也相當關照我，他過得還好嗎？
是……他目前在政治界努力。啊……我坐到下一站就好。
白鳥先生……
你就照自己的方式講課吧。
我知道這麼說聽起是來有些失禮……
……
但給殿下上課後，我發現殿下……真的非常聰明!!

※譯注：第一高等中學校的前身。

有時候我看著殿下的眼睛，會覺得有點恐怖……!!
殿下他，彷彿可以看透一切，沒有事情瞞得了他……
白鳥先生!!你就秉持堅定的信念授課吧。
至於內容好壞，殿下自己會取捨的……
謝謝您提點，杉浦老師!!

高輪御殿
御座所自習室
ハハハ
殿下，您在讀什麼書呢？
箕作元八大師的《西洋史講話》……
是白鳥老師推薦我讀的。
你怎麼了，大迫同學？
*哈哈哈

怎麼了嗎!?
啊……沒事！
什、什麼事都沒有。
ガタン
＊喀
只是看著殿下的眼睛，有一種廣博深遠的感覺……啊、當我沒說!!
哈哈哈
＊咚
大家好像很開心呢…
明天就是星期天了，是睽違一週回家的日子。
殿下似乎也很開心呢。
……因為阿孝明天會過來。
トン

阿孝……啊，是照顧殿下的人吧，從殿下四歲的時候……
沒錯……!!我自四歲就受她的照顧，她就和我母親一樣……
隔天——
*啪
バタン

殿下…!!
剛才赤坂御所傳來消息……
足立孝女士……
今天因為高燒不適，不便前來會面。

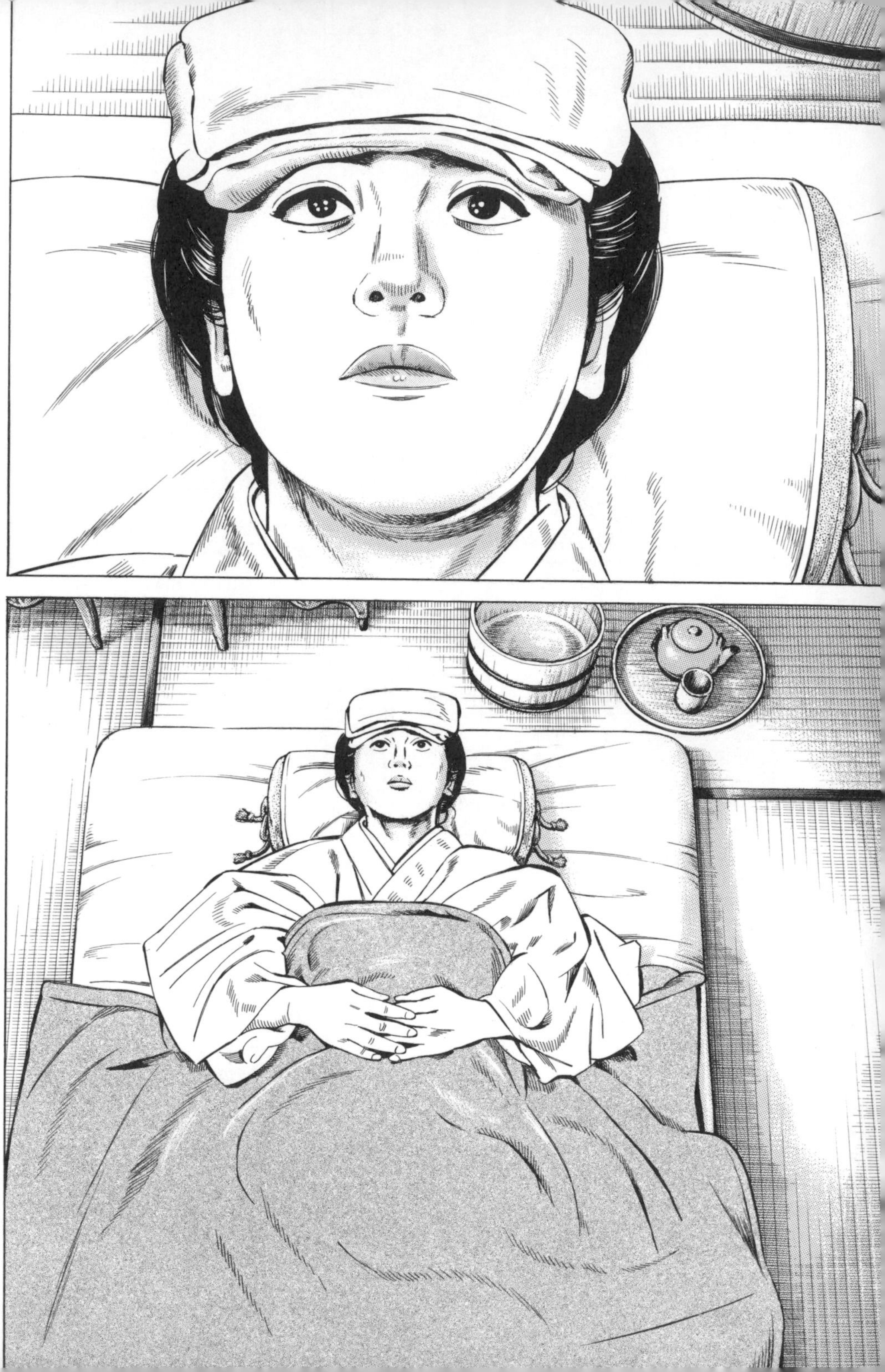

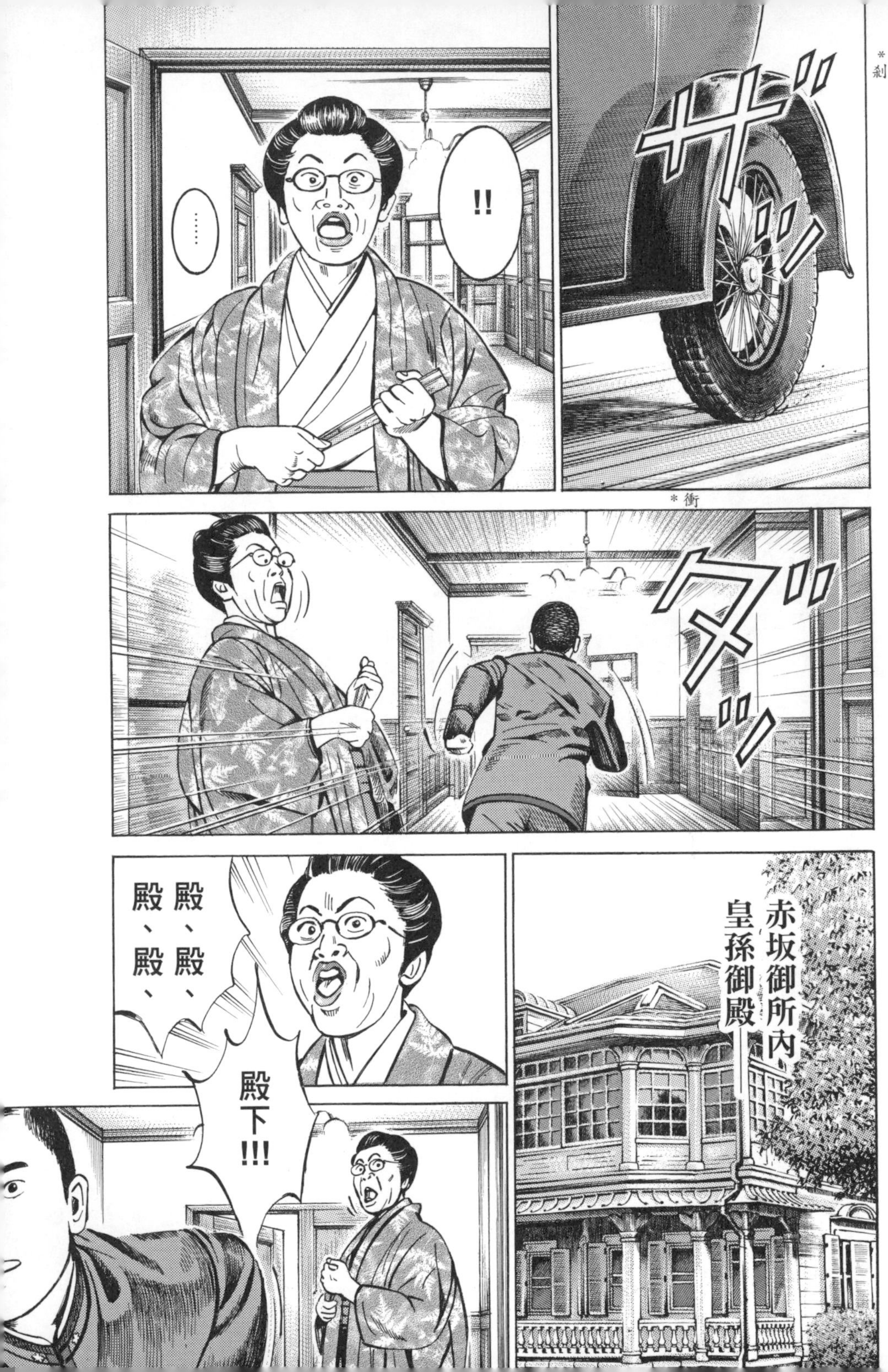

ザッ
*刹
!!
……
ダッ
*衝
赤坂御所內
皇孫御殿
殿、殿、
殿、殿、
殿下!!!

*磅
阿孝——
殿下!?
阿孝!!妳還好嗎!?聽說妳發高燒了。
感冒了嗎!?給大夫看過了嗎!?
別起來!!躺著就好。

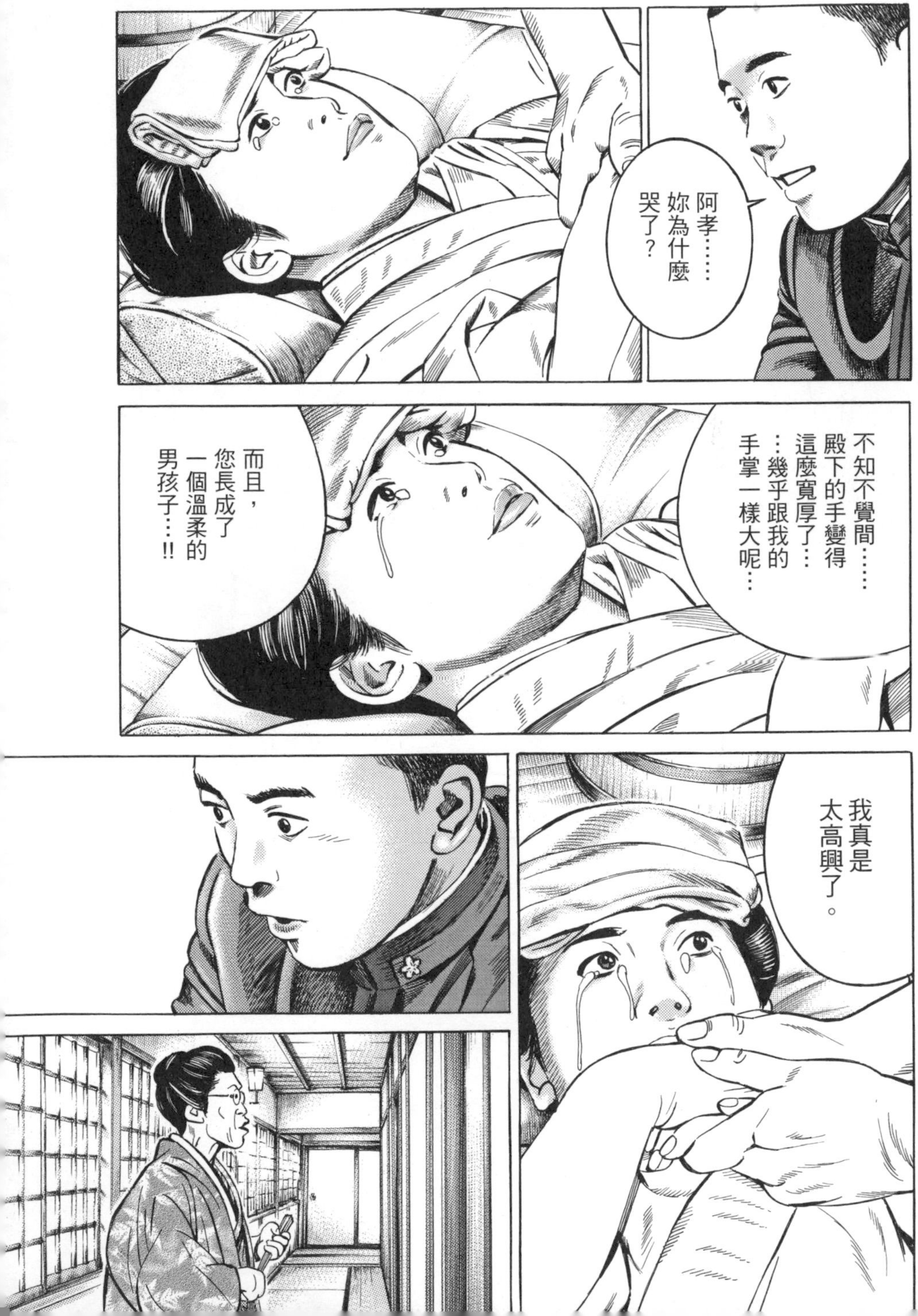
阿孝……妳為什麼哭了？
不知不覺間……殿下的手變得這麼寬厚了……幾乎跟我的手掌一樣大呢……
而且，您長成了一個溫柔的男孩子…!!
我真是太高興了。

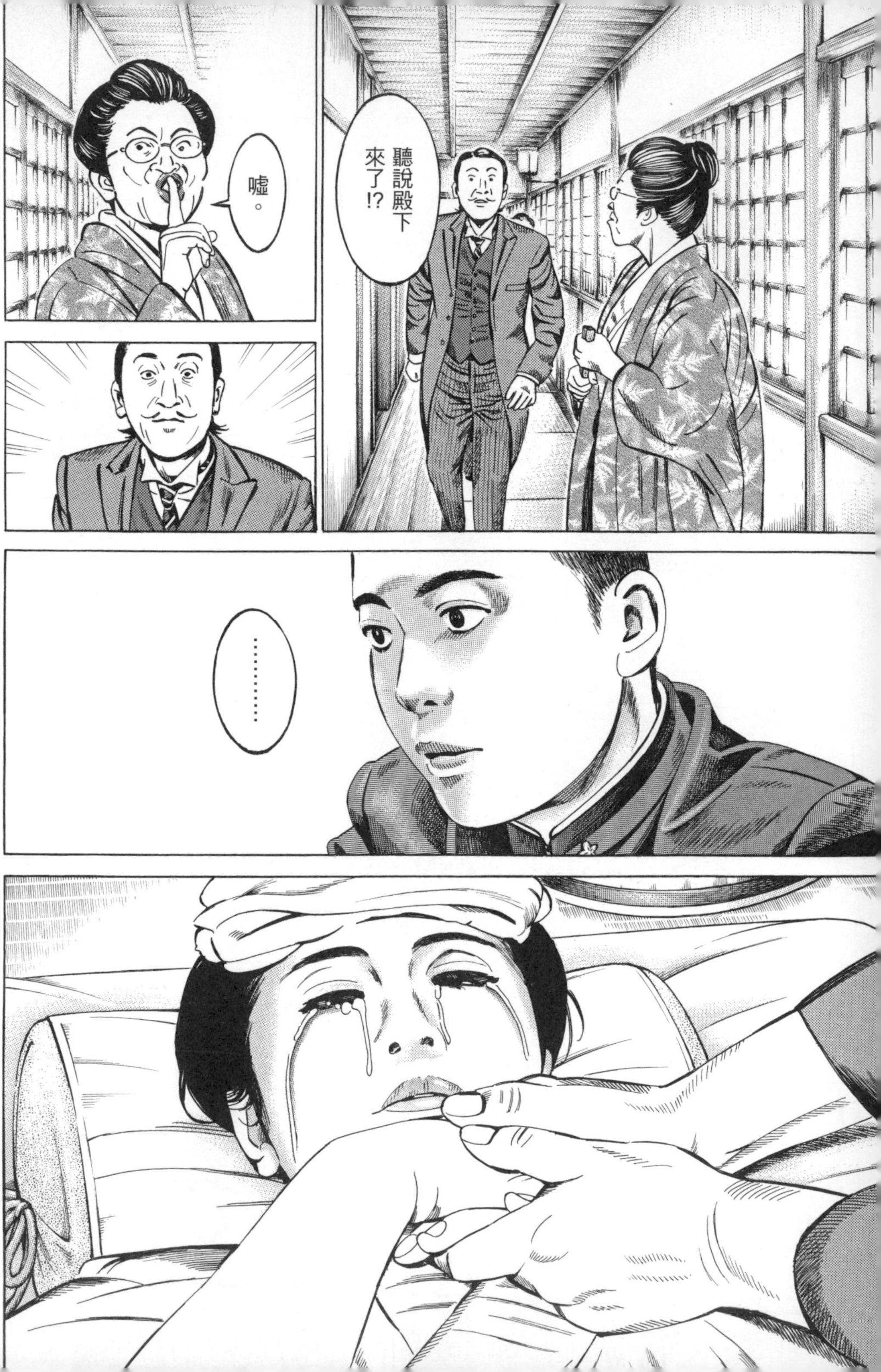
聽說殿下來了!?
噓。
…………

*窣

木戶!!
你沒什麼話要告訴我的嗎？
……
*簌簌
ザ"
ザ"
ザ"

請容我重述一次，
神代史並非歷史，而是神話。
スッ
日本的歷史，要從神武天皇……
＊窣
!!
別介意，請繼續講課。

喀
軍人和學者，終究不一樣啊……
或許，我也該學習乃木希典的處世哲學吧——
是不是只要我睜一隻眼、閉一隻眼……殿下就能成為一個了不起的君子呢——
明治大帝駕崩不過三年，世道就改變這麼多啦……
真令人感傷…明治之世越來越遙遠了……

《昭和天皇物語》第1集——完——

| 首次刊載於《**Big Comic Original**》**2017** 年第 **9** 號～第 **15** 號

昭和天皇物語(1)

作者——能條純一
原作——半藤一利
腳本——永福一成
監修——志波秀宇
譯者——葉廷昭
執行長——陳蕙慧
行銷總監——傅士玲
行銷企劃——尹子麟、張元慧
編輯——陳柔君、徐昉驊
封面設計——黑木香＋Bay Bridge Studio（日本）、汪熙陵（臺灣）
排版——簡單瑛設

社長——郭重興
發行人兼
出版總監——曾大福
出版者——遠足文化事業股份有限公司
地址——231 新北市新店區民權路108-2號9樓
電話——(02)2218-1417
傳真——(02)2218-0727
郵撥帳號——19504465
客服專線——0800-221-029
網址——http://www.bookrep.com.tw
Facebook——日本文化觀察局(https://www.facebook.com/saikounippon/)
法律顧問——華洋法律事務所 蘇文生律師
印製——呈靖彩藝有限公司

初版一刷 2020年1月
Printed in Taiwan